Ela faz a diferença
Histórias reais para inspirar você, mulher,
a tomar as rédeas da sua vida

Editora Appris Ltda.
1.ª Edição - Copyright© 2025 das autoras
Direitos de Edição Reservados à Editora Appris Ltda.

Nenhuma parte desta obra poderá ser utilizada indevidamente, sem estar de acordo com a Lei nº 9.610/98. Se incorreções forem encontradas, serão de exclusiva responsabilidade de seus organizadores. Foi realizado o Depósito Legal na Fundação Biblioteca Nacional, de acordo com as Leis n°s 10.994, de 14/12/2004, e 12.192, de 14/01/2010.

Catalogação na Fonte
Elaborado por: Dayanne Leal Souza
Bibliotecária CRB 9/2162

R314e
2025

Rede Ela Empreendedora
    Ela faz a diferença: histórias reais para inspirar você, mulher, a tomar as rédeas da sua vida / Rede Ela Empreendedora. – 1. ed. – Curitiba: Appris, 2025.
    143 p. : il. ; 21 cm.

    ISBN 978-65-250-7228-9

    1. Mulheres empreendedoras. 2. Superação. 3. Poder. I. Rede Ela Empreendedora. II. Título.

CDD – 305.42

Appris
editora

Editora e Livraria Appris Ltda.
Av. Manoel Ribas, 2265 – Mercês
Curitiba/PR – CEP: 80810-002
Tel. (41) 3156 - 4731
www.editoraappris.com.br

Printed in Brazil
Impresso no Brasil

Rede Ela Empreendedora

Ela faz a diferença
Histórias reais para inspirar você, mulher, a tomar as rédeas da sua vida

Curitiba, PR
2025

FICHA TÉCNICA

EDITORIAL	Augusto V. de A. Coelho
	Sara C. de Andrade Coelho
COMITÊ EDITORIAL	Marli Caetano
	Andréa Barbosa Gouveia (UFPR)
	Edmeire C. Pereira (UFPR)
	Iraneide da Silva (UFC)
	Jacques de Lima Ferreira (UP)
SUPERVISORA EDITORIAL	Renata C. Lopes
PRODUÇÃO EDITORIAL	Daniela Nazário
REVISÃO	Katine Walmrath
DIAGRAMAÇÃO	Amélia Lopes
CAPA	Mariana Brito
REVISÃO DE PROVA	Bruna Santos

Agradecimentos.

Agradeço sempre a Deus por estar sempre em meu coração e me presenteando com anjos disfarçados de amigos!

Agradeço ao meu filho, Nicholas Gabriel, meu nego preto mais lindo do mundo, por diariamente me inspirar a ser um ser humano melhor!

Gratidão a cada uma das mulheres incríveis que aceitou compartilhar suas histórias para este projeto tão lindo e inspirador!

Gratidão às mulheres que fizeram, fazem e farão parte da nossa Rede Ela Empreendedora, vocês são a inspiração deste projeto!

Gratidão especial à minha mãe por estar ao meu lado nos momentos mais dolorosos e nos mais lindos da minha vida! Te amo, mãe!

Gratidão especial à minha amiga, Gabriela Castro, que nos dois anos mais difíceis e dolorosos da minha vida esteve ao meu lado e me segurou quando eu não tinha mais forças para continuar! Te amo, neguinha!

Gratidão especial a dois homens incríveis: Sidney Nicéias, que nos auxiliou a escrever com suas orientações valiosíssimas! Sem você teria sido um grande desafio para nós concluir este projeto! Gratidão, meu amigo!

Roberto Shinyashiki, meu mentor, assim como de muitas das autoras deste livro, gratidão de coração, Roberto, pelo prefácio, carinho e apoio ao nosso projeto! Você me inspira sempre!

E, finalmente, gratidão a mim mesma por jamais desistir dos meus objetivos, apesar dos obstáculos que surgem no caminho!

Apresentação.

Este livro é inspirado em nosso Prêmio Ela Faz a Diferença, prêmio anual que a Rede Ela Empreendedora lançou em 2017 e que homenageia mulheres que se destacam em várias áreas de atuação no estado de Pernambuco.

Recebemos tantas histórias inspiradoras que eu pensei: por que não reunir algumas dessas histórias em um livro, que terá um propósito!

E qual o propósito?

Inspirar e incentivar cada mulher que adquirir este livro a buscar a transformação e a realização que ela tanto deseja!

Mostrando a ela que mulheres comuns como ela, exatamente como ela, conseguiram atravessar momentos dolorosos, tiveram ousadia de buscar aquilo que elas queriam e acreditaram em si mesmas!

A mensagem aqui é: nós, com todas as dores, desafios e dificuldades, conseguimos! Você também consegue!

E, acredite, você consegue, sim!

Você é forte, inteligente, linda e única!

Que nossas histórias sejam grandes inspirações para sua vida!

Prefácio.

Ao encorajar as mulheres a se unirem e compartilharem suas histórias de vida, estamos promovendo a conexão e empatia entre elas, que vai impactar a sociedade. E esse conceito faz total sentido, quando compreendemos que as conexões pra valer são aquelas que nos acrescentam, que fazem de nós pessoas melhores, que tornam o ambiente em que estamos um lugar melhor.

Ao longo dos meus quarenta anos de experiência com o desenvolvimento humano, a conexão tem sido um dos temas mais importantes do meu trabalho, estando presente inclusive até no meu último livro, *Inteligência afetiva*, no qual apresento os três pilares indispensáveis para que a conexão humana ocorra verdadeiramente, que são: conexão consigo, com os outros e com o grupo. Por isso, quando as mulheres se juntam para escrever estão praticando a empatia, seguindo esses pilares da conexão e assim contribuindo com suas histórias, que vão ajudar a transformar as suas vidas e a vida de outras mulheres e de muitas pessoas à sua volta.

Esse tema é muito relevante, visto que as histórias escritas por mulheres oferecem representação genuína e autêntica de suas experiências, desafios, sucessos e perspectivas. Isso é crucial para que outras mulheres se identifiquem e sintam-se compreendidas. O ato de escrever sobre suas experiências pode ser transformador, fortalecendo a confiança e a autoestima das mulheres.

O livro *Ela faz a diferença* surgiu de uma premiação/homenagem de Pernambuco, desde 2017, através da Rede Ela Empreendedora, idealizado pela autora Iris de Cássia, que trabalha há oito anos com mulheres e conhece das dores e desafios que enfrentam, pois ela mesma já passou por muitos dos eventos dolorosos.

Esse prêmio é um reconhecimento às mulheres que se destacam em várias áreas do empreendedorismo, gestão pública e privada e jornalismo.

Iris de Cássia, então, assume a posição de coordenação neste livro, onde ela se une a outras 14 mulheres, cada uma delas trazendo sua própria experiência ao projeto. Essas mulheres são: Jaciara Marques, Zuleica Tani, Kátia Macedo, Ana Rita Pansani, Veridiana Duarte, Dra. Ivana Ramos, Priscila Plaça, Ana Paula Marcolan, Diana Ceolin, Fernanda Neto, Katarina Mota, Maria Bernardo, Rafaela Lucena e Patrícia Rangel. Juntas, elas compartilham histórias autênticas e experiências valiosas.

Por também ser mentora de mulheres, Iris de Cássia viu o quão impactante e transformador seria reunir algumas dessas histórias em um livro, para que mais mulheres fossem tocadas e inspiradas a se redescobrir!

Em cada relato presente neste livro, encontramos mulheres reais compartilhando suas experiências autênticas. Essas mulheres são empreendedoras, empresárias, palestrantes, gestoras de recursos humanos, funcionária pública, que também empreende; e juntas, com muita conexão e empatia, buscam cumprir um propósito em comum e deixar o seu legado no mundo.

Continuar contando essas histórias, celebrando as realizações das mulheres e apoiando umas às outras são passos essenciais. O livro em si tem um propósito bem definido, que é inspirar, apoiar e incentivar outras mulheres a acreditar em si, compartilhar experiências, aprendizados e sucessos, pois essa é uma maneira poderosa de fortalecer e criar um impacto positivo nas vidas de outras mulheres ao redor do mundo.

Portanto, ler este livro vai ajudar vocês mulheres a compreenderem como todas podem crescer juntas!

Se permitam seguir com muita alegria e entusiasmo essa jornada cheia de crescimento, inspiração e realização que se chama vida!

Roberto Shinyashiki

Roberto Tadeu Shinyashiki é um médico, palestrante, empresário e psiquiatra brasileiro.

Shinyashiki já escreveu mais de 31 livros, a grande maioria best-sellers, com temáticas tais como Alta Performance, felicidade, autoajuda, amor e objetivos de vida. É um dos mais renomados e importantes palestrantes brasileiros.

Sumário.

Maria Bernardo 15

Zuleica Tani 22

Diana Ceolin 29

Ivana Ramos 39

Priscilah Plaça 46

Iris de Cássia 52

Katarina Mota 60

Kátia Macedo...66

Jaciara Marques...73

Ana Rita Pansani 79

Patricia Rangel...87

Fernanda Netto..99

Ana Paula Marcolan 108

Veridiana Duarte 119

Rafaela Lucena 128

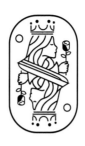

Maria Bernardo

Nasci uma pequerrucha e que aos poucos foi se nutrindo, não só do excesso de calorias, mas também do excesso de falta... falta de que os outros fizessem as minhas vontades. A *"lâmpada de Aladim"*, alvo cobiçado, como nos contos de fadas, não é a solução mais inteligente para transformar nossas vidas em algo realmente vitorioso, quer seja no final de nossa jornada ou no trajeto com todos os desafios que nos abraçam, dolorosamente, ou nem tanto.

Como todo e qualquer ser ao se sentir rejeitado, acuado, ignorado, diminuído (e outros sentimentos pequenos — mas não para aquele momento), eu me fechei num casulo. A luz da criança começou a se apagar e a se contentar com o que tinha para o momento — e que, por muitas vezes, seria assim mesmo.

Quando deixamos esse brilho interno ir se exaurindo, com ele vai também a motivação para os objetivos serem alcançados plenamente. Afastamo-nos não só das pessoas, das possibilidades de desbravar conhecimentos, das ações que nos levarão a voos extraordinários, e nos perdemos de nós com a escuridão. Quando saímos de nossos trilhos, *o trem descarrilhado*, para voltar e seguir, é necessário vontade e ajuda, pois sozinhos não conseguimos muito.

Passaram-se os anos e o excesso de calorias mantinha a pequena criança segura, supostamente, por fora, em pleno desabrochar, mas por dentro presa em um baú escuro e sem saber ao certo a chave para abrir. Acredito que devemos conhecer todas as maravilhas e situações possíveis deste *mundão de Deus*. Quando temos contato com o diferente, ou o igual, mas com soluções distintas, encontramos a chave do baú para transformar a vida limitada. E assim, aprendendo aqui e ali, estudando para ser vista e admirada, errando e acertando, chorando e rindo, amando e sendo deixada... aos poucos realizei escolhas que me trouxeram até o presente momento. Para alguns um lugar de destaque e para outros nem tanto; para a criança que se libertou do baú e aos poucos foi saindo da escuridão, com certeza uma trajetória de sucesso.

Quando falamos de empreendedorismo, palavra da moda, mas que sempre esteve presente em todas as épocas, logo nos vem a imagem de um empresário de sucesso, famoso e com muito dinheiro; porém, empreender vai além. Esse empreendedorismo de ganhos financeiros é o resultado de ações com fins lucrativos, mas e os outros tipos de empreender?

Hoje temos desde o intraempreendedor, o empreendedor social, digital, cooperativo, individual, formal, informal e até público, que se resumem em uma única ação: fazer. Esse fazer é agregado de motivação, persistência, muito estudo, experiências, erros e acertos, planejamentos, trocas de caminhos. Todavia, além de tudo isso, é a interação e a comunicação que acabam se sobressaindo, pois o universo não saberá o que você deseja se você não falar. E ao falar não é o *plim* da magia, mas sim o início para buscarmos os nossos desejos, anseios e realizações financeiras.

Ao entender esse processo, consegui aos poucos me livrar de todas as amarras que me impus. Sim, nós nos colocamos onde estamos. Portanto, se você não está onde e como deseja, a única responsabilidade é sua e somente a você cabe sair dela e buscar horizontes mais dourados e frescos. O processo todo é empreender. Não entendeu? Então vamos iniciar a caminhada empreendedora de minha existência.

Iniciei minha vida intraempreendedora quando percebi que somente eu poderia dar o primeiro passo. Sempre gostei de assuntos relacionados a negócios, franquias e vislumbrava a possibilidade de um dia ser empresária; porém, as crenças me levaram ao serviço público. Já se vão trinta e dois anos de uma vida dedicada à área que serve ao coletivo — do qual muitas vezes me esqueci de que também faço parte. Empenhei-me ao máximo e não estacionei. Procurei aprender sempre e criar novas formas para facilitar a vida e rotinas do dia a dia; tornei-me empreendedora pública.

Com o passar do tempo fui adquirindo novas habilidades e, mesmo sem resultar em recursos financeiros, caminhei no empreendedorismo digital, social, cooperativo. Muitas vezes de maneira formal, outras, informal, nada empresarial, mas com ganhos emocionais e aquisições de uma fortuna incalculável: as pessoas. Remuneração muito mais poderosa e que alcança maiores distâncias. Não sendo hipócrita em pensar que o dinheiro não resolve; resolve, sim, mas não traz toda a felicidade que pensamos. Fosse assim, todo indivíduo portador de acúmulos financeiros seria feliz...

Com passos curtos, poderosos, fui me envolvendo em ações de voluntariado nas diversas casas religiosas, capacitação de mulheres para redução de violência doméstica, mediação e conciliação de conflitos, análises comportamentais, sessões de coaching, formações políticas partidárias e públicas, movimento de mulheres feministas, de empreendedorismo, motivacional, palestras em diversos temas, lançamentos de dois livros coletivos, curta experiência em escrever para revista sobre empreendedorismo... Ainda me aventurei ao empreender negócios de maneira informal — dentro do empreendedorismo, posso dizer que passei por todas as formas.

Quero abordar mais um ponto de vista. Quando fazemos comparação com o externo, consequentemente vamos nos diminuindo, pois não somos todos iguais e nem trilhamos os mesmos caminhos, mas queremos ter os mesmos resultados e até maiores. Na maioria das vezes, e em diversas situações, não analisamos toda a trajetória do indivíduo alvo de nossa comparação, pegamos só os pontos que nos atraem positivamente e queremos alcançar o mesmo brilho.

Questiono-me muitas vezes: o que é vitória? Será que é somente para aquele que chega em primeiro lugar? Não adianta chegar ao final vitorioso se não temos ninguém para celebrar conosco. Vitórias, conquistas, superações para muitos é somente a comemoração, mas... e para você? Ao longo da minha trajetória passei a fazer análises principalmente dos momentos, e não do todo. As pequenas partes me trazem muito mais significado do que o chegar ao ponto final.

O sonho do concurso público vem de gerações. Quando alguém da família resolve ser a ovelha desgarrada e optar por empreender, lá vêm críticas e todas as formas de reverter a escolha e se manter na caixa social, mais confortável. Mal sabem que a possibilidade de alçar voos maiores vem de sair das diversas caixas em que nos colocam.

Hoje há uma geração que não suporta ficar em um local por muito tempo e nem esperar promoções. Se você é assim, esquece o serviço público. Ele é um exercício de resiliência contínuo, por mais que você faça um trabalho exemplar e que todos admirem, dependendo da área em que você atua, permanecerá por anos na mesma função. Para muitos o comodismo se instala e nos enterramos vivos, assim costumo dizer. Muitos acreditam que já estão em um emprego estável e deixam de lado as possibilidades de continuarem aprendendo e se transformando, pessoal e profissionalmente, e que poderão se apaixonar por algo novo ou diferente, ou ainda os dois. Triste engano.

Paramos para ouvir ainda que *"a área privada é melhor"*, mas onde? O que mais ouvimos são demissões em massa, salários achatados, concorrência desleal e possibilidades ínfimas de superação. Enfim, qual a melhor situação? Parece que sempre a diferente de sua escolha. Porém, é a que você estiver feliz — lembrando que podemos mudar de gostos e opiniões a todo momento, isso só depende de cada um.

Na atualidade, as empresas de grande porte que absorviam trabalhadores em massa estão escassas. Além do crescimento de desempregados, tem a falta de qualificação distante do que o novo mercado necessita. Hoje tem que ser especialista em generalidades, além de ter uma área específica para se desenvolver e fazer a diferença neste mercado tão competitivo. Por isso empreender acabou sendo a solução mais viável para aqueles que não se recompuseram no mercado de trabalho. E as pesquisas apontam o grande número de pequenos empresários que contratam, fazendo frente às grandes empresas.

Empreender não é uma das maravilhas do mundo! Tem seus facilitadores e seus desafios. Quando se empreende, a dor mais próxima a se sanar é a do próprio empreendedor, desde a questão do recurso financeiro para sua subsistência até o seu prazer em realizar algo que se conquista depois de muitos desafios.

Quando se é empregado, o salário vem; quando se é empregador, primeiro todos os compromissos e depois você; costuma ser o primeiro a chegar e o último a sair e ainda trabalha além. O empregado normalmente se limita ao horário estipulado e *"bora"* viver a vida. À medida que se conquistam etapas e as recompensas chegam, as dores vão se acumulando como exemplos de experiências — ao compartilhá-las se amenizam caminhos para futuros empreendedores; todos crescem.

Com o acúmulo de jornadas, a mulher vem se encontrando nesse mundo que ainda é reconhecidamente masculino. Elas sempre empreenderam. Sabe aquele momento de vender alguma coisa para complementar a renda? Um artesanato para se adornar e a amiga quer também? Aquela receita secreta e saborosa da família que conquistou paladares e passou a ser o carro-chefe de suas vendas? E ainda poder estar em casa, mais próxima de seus filhos e cuidar das coisas do lar, sendo esposa ou não? Pois é. O empreendedorismo está no sangue da mulher em todas as suas nuances. Somos mulheres inovadoras, criativas e empreendedoras natas.

Existem grupos nas mais diversas áreas do empreendedorismo que facilitam os sonhos e com menores dores. Com o conhecimento brotando de todos os lados, desde a narração de histórias de sucessos e insucessos, revistas, blogs, empresas direcionadas ao desenvolvimento empreendedor feminino, políticas públicas, mentorias e até programas de televisão, o caminho pode ser menos tortuoso.

O agrupamento e a união fazem a força com qualidade; a força feminina de sempre, com seus sentimentos para caminhos mais adequados. Ao assumirmos tal poder, mudamos o mundo. Somos nós, as mulheres, que educamos os homens que virão e terão posicionamentos diferentes do machismo vivido até hoje. Ensinamos pela inspiração, e não pela obrigação e imposição.

Histórias vividas, ouvidas e até inspiradas nos trazem a certeza, ou não, de que nossa trajetória de vida pode estar no rumo certo. Pode até precisar de uma revisão, então surgem as viradas de chaves, aberturas de portas e transposições dos desafios. A esperança de que seja a opção correta, ou pelo menos mais certeira, nos leva a dar o passo seguinte e continuar na jornada, diferente para cada um, mas espelhada por muitos.

A busca de me livrar das calorias em excesso, acumuladas ao longo dos anos, de nada adiantaria se como pessoa não me reconhecesse nesse processo e me livrasse dos diversos baús em que me enfiei pelos mais diferentes motivos. Quando nos relacionamos de maneira construtiva, as relações são mais verdadeiras e as ações mais propositivas e eficazes, trazendo assim um sentimento de realização e conquista, mesmo que não envolva o financeiro.

Passei, então, a dar um passo de cada vez, e mesmo que tenha que retroagir para recomeçar, sem problemas, sem receios. Revelo aqui que foi necessário viver uma década de estudos em PNL (Programação Neurolinguística) para entender o que me era conflitante entre as palavras, as ações e o que eu presenciava. Buscamos insistentemente no externo o que acreditamos querer. Não há como exigir do outro algo que nem nós temos, entendemos ou sabemos o que é. Associamo-nos a diversos grupos para que possamos nos encontrar. A cada associação descobrimos similaridades e contrariedades. Então, como agir? Por não saber como nos comportar, nós reagimos!

Empreender não é só vender, é inspirar, realizar e sanar dores, tanto pessoais como a dos outros. Todos podem empreender em suas vidas. Sempre.

Maria Bernardo

Tem cinquenta e dois anos, dos quais trinta e três dedicados ao serviço público do município de Santo André, SP e com diversas formações que me transformaram na pessoa com um espírito de voluntariado atuante me impulsionando em um ser a construtora de pontes que me vejo hoje. Entre as áreas administrativas, sociais, de políticas públicas, partidárias e artes em geral, estas compuseram meu crescimento pessoal e a busca contínua de conhecimentos para a transformação do nosso mundo, seja interno ou externo.

Zuleica Tani

Ser empreendedora. Nem sei dizer ao certo quando tudo começou. A impressão que tenho é que foi rápido e concreto.

Falar de empreendedorismo é falar da minha vida. Não lembro de algum momento em que não fui empreendedora. Bastava aparecer uma oportunidade que lá estava eu fazendo, vendendo algo.

Na escola, nas aulas de Educação Artística, lembro de aprender a fazer dobraduras (naquela época não se falava em Origami), cestos de Sisal (será que ainda fazem na escola?), pulseirinhas de mil maneiras diferentes e bem coloridas. Na época de Festa Junina, para ganhar o prêmio da sala que vendia mais coisas, que arrecadava mais, lá ia eu, fazer acontecer. Mobilizava todo mundo. Todo mundo mesmo... Colegas da sala, professores, pais e responsáveis, tios, tias e agregados, vizinhos, amigos dos amigos, quem aparecesse na minha frente, já estava vendendo algo.

Sempre fui assim: entusiasmada e engajada com que o que decidia fazer.

Tempo vai, tempo vem e a vida vai mostrando a importância de ser vendedora. É, na minha opinião, a melhor profissão do mundo todo. Afinal eu mesma decido qual o valor que irei receber no mês. Se quero mais, se quero menos, se quero passear e aproveitar, se quero algo mais.

É claro que temos os momentos em que focamos em algo novo, e daí volta-se ao que éramos antes. Hoje chamamos de crenças limitantes, porque na minha época falar que a minha profissão seria vendedora era algo surreal.

A sociedade me transformou. E a família sempre provocando e trazendo novidades.

Meus pais foram pessoas incríveis, foram porque Deus já os chamou, e tenho certeza de que estão ajudando no que puderem. Como eram generosos. Sempre prontos a ajudar e não mediam esforços para fazer o que fosse necessário.

Lembro que uma vez meus pais estavam com poucos recursos, e ia ter uma megafesta junina na escola. Meus pais se reuniram com outros pais, e combinaram de dançarem "quadrinha" sem avisar os filhos. Minha mãe pegou um guarda-chuva que estava furado, uma roupa velha, fez remendos e arrumou ela e meu pai. Foi um show. Ninguém esperava. Quando ela abriu o guarda-chuva "choveram" balas e pirulitos. Imagina a cena? Crianças saindo correndo para pegar e eles dançando. Acho que vem daí a minha criatividade para fazer surpresas.

E, falando em surpresas, ser empreendedora é perceber que a surpresa é constante. Lembro que fui contratada para trabalhar em uma agência de viagens específicas para atender a família dos donos. Somente emitia passagens, fazia reserva de hotéis, carros. No terceiro mês de empresa apresentei um projeto de ampliar os serviços e faturar com outras pessoas. Propus uma meta alta: se eu triplicasse o faturamento, passaria a ter comissão. Negócio fechado, lá fui eu em busca de novos clientes. No segundo mês bati a meta, e com sobra. Foi um excelente resultado.

Mas... Na hora de pagarem o meu salário, a comissão não veio. Fui questionar e recebi como resposta que o dono não tinha entendido o acordo, e que iria começar a pagar no outro mês. Não esperei o outro mês, pedi demissão.

Essa também é uma característica empreendedora minha: não perder tempo com o que não deu certo. Seguir em frente, inovar ou renovar, se valer a pena. Encontrei outro emprego em menos de 15 dias. Sou atrevida, corajosa e determinada, afinal Deus sempre está na minha frente, abrindo e fechando portas. Se Ele está comigo, vou discutir por quê?

Paguei uma parte da minha faculdade vendendo sanduíche na praia: "É natural. Sanduíche natural. Vai um aí?".

Saía de madrugada, pegava o primeiro ônibus para o litoral com minha caixa de isopor cheia de sanduíches. Se o dia era bom vendia tudo e voltava perto das 15h com a caixa de isopor vazia. Se não fosse, voltava para a capital e vendia na porta do metrô, no meio da Av. Paulista, na porta de estádios, de show, tudo anotado antecipadamente para saber como agir com o plano B.

Sempre fui organizada e gestora do meu tempo. Aprendi muito cedo que cuidar do meu tempo é permitir ter a liberdade de escolha, e eu sempre escolhi o que e como fazer.

Mesmo com carteira assinada, sempre tive um segundo negócio, informal e precioso. Comprei meu primeiro computador e impressora (um luxo na época), em 1992, dois meses depois do nascimento do meu filho, enquanto ainda estava de licença-maternidade. Com "milhares" de prestações, iniciei o negócio de digitar e imprimir; trabalhos escolares, cardápios, cartões de visita foram os primeiros trabalhos. A vida me ajudou muito e sempre tive clientes que queriam mais.

Por diversas vezes pensei em abrir um negócio fora da minha casa, com escritório, espaço específico. Acho que me faltou coragem de assumir esse papel. Continuei fazendo em espaços improvisados, e sempre crescendo.

Quando meu pai ficou doente, era a hora de parar com tantas coisas e cuidar dele e da família. Foram momentos de empreendedorismo familiar, onde cada dia uma novidade aparecia e a solução do problema surgia de forma natural, afinal quem é empreendedora sabe que nenhum dia é igual ao outro, assim como a nossa casa, nossa empresa, nossa vida, tudo muda constantemente.

Depois do susto, meu pai viveu mais quinze anos, e que vida! Nunca parava, sempre em movimento e trazendo alegria, raiva, amor, desequilíbrio, e tantos outros adjetivos poderemos acrescentar, mas o que é e será mais importante é ter inserido o "vírus" do empreendedorismo nas três filhas, o que faz lembrar que não falei sobre ser empreendedora atualmente. Bora lá.

"Viver... E não ter a vergonha de ser feliz... Cantar e cantar e cantar, na certeza de ser um eterno aprendiz..." Grande Gonzaguinha. Cresci ouvindo essa música e virou filosofia de vida. Sou feliz todos os dias, afinal é uma escolha minha. Ninguém pode tirar de mim. A minha vontade, a minha força, é minha, então por que eu vou me preocupar com os outros?

Meu primeiro emprego foi em uma companhia aérea. Comecei em vendas e saí quando estava como operadora no aeroporto. E assim fui crescendo:

- agente de viagens;
- secretária em uma escola (meu primeiro contato com a Educação como profissional, daí surgiram muitas oportunidades);
- auxiliar em uma empresa de contabilidade (o que me permitiu entender ativo e passivo; crédito e débito; lucro e prejuízo);
- secretária em uma grande empresa de consórcio (fiz muito networking e amizades que perduram até hoje; aprendi como vender e se relacionar com as pessoas, cheguei a supervisora de call center);
- realizei o sonho de trabalhar em uma editora como secretária;
- secretária de uma empresa de congelados (quando estava iniciando esse processo no Brasil);
- área de tecnologia: centrais telefônicas (conheci meu marido);
- educação: escolas presenciais, online, tutoria, coordenação e muitas emoções.

Cada uma dessas funções rendeu para mim a visão holística empresarial, profissional e pessoal. Somos seres únicos, com experiências incríveis e histórias sensacionais. Ao se perceber aquilo que somos, conquistamos a busca do que queremos.

Foi fácil perceber que o Empreendedorismo é o meu caminho, assim que aprendi o significado na faculdade de Administração. Saber fazer, vender, receber, guardar, reinvestir, reinventar, conquistar e atender bem o cliente, contabilizar, metrificar, planejar, executar, controlar e liderar.

Em qualquer espaço que frequentei na minha vida profissional, usei o intraempreendedorismo para ter sucesso. Promoções, bônus, reconhecimento sempre estiveram presentes, e quando não tinha, simplesmente pedia demissão, simples assim.

Sempre acreditei em Deus. E acredito que tudo o que acontece comigo é para o meu bem. O que chamamos de coisas ruins significa: preste atenção no que está fazendo, mude de caminho, olhe o horizonte e siga em frente. Não se apegue com coisas pequenas e sem significado. O que é um emprego garantido se a minha saúde, a minha vontade de ser empreendedora está estagnando? Volto ao Gonzaguinha: "viver e não ter a vergonha de ser feliz".

Hoje tenho uma empresa de consultoria, treinamentos voltados para o Desenvolvimento Humano. Sou gestora de tempo e com isso minha vida é muito prática e objetiva: se tem valor para mim, eu faço; se não tem, não faço e indico quem pode fazer.

Não paro quieta, de novo, simples assim.

Além da minha empresa, faço parte de institutos, cooperativas, sou assessora de assuntos "aleatórios", desenvolvedora de marketing, escritora, analista de comunicação, tutora, coordenadora. Sou pessoa cuidando de pessoas.

Moro com meu marido e filhos; e quatro pets.

Ah! Quase esqueci de contar: adoro games, adoro cosplay. Quando me fantasio de Fada Madrinha da Cinderela consigo o brilho no olhar de quem está passando por alguma dificuldade, seja física ou espiritual. Servir é o meu maior objetivo. E, sinceramente, pouco me importo se tenho retorno da pessoa, porque o meu retorno é imediato e direto. Sempre, todos os dias, recebo muito mais do que eu espero, ou melhor, do que eu não espero. Eu mereço, eu recebo, sem me preocupar com o quê.

A minha missão aqui na Terra é servir a Deus, em primeiro lugar; ao próximo, em segundo lugar; e a mim em terceiro lugar. Afinal o grande mandamento de Deus é: "Amar **Deus (1)** sobre todas as coisas, e ao **próximo (2)** como a si **mesmo (3)**".

Se Deus me dá uma tarefa, bora cumprir com alegria, felicidade e atitude empreendedora. Só assim teremos o sucesso que tanto queremos.

Zuleica Tani

Zuleica é facilitadora, empresária e investidora de microempresas voltadas para o Desenvolvimento Humano, Econômico e Social. É presidente da Cooperativa de Palestrantes Conexão Novo Mundo, membro dos institutos: Êxito, G11 Power, Recomendo, cofundadora do Hub Agilidade, coordenadora do Instituto Gente, tutora da Must University (Miami), master da Avaliação SOAR (Orlando), ganhadora de prêmios acadêmicos nacionais e internacionais. Casada com o Sérgio, mãe do Felipe e do André, quatro pets: Leya, Stitch, Lillo e Nani. Uma Ohana: família quer dizer nunca abandonar ou esquecer. Especialista em gestão do tempo, produtividade e vendas; tem a habilidade de apresentar soluções holísticas aumentando a confiança, a inspiração e a lucratividade. Acredita nas pessoas e na sociedade. O mundo pode ser melhor se cada um fizer o seu melhor.

Diana Ceolin

Mãe de duas lindas meninas, Vitória e Antonella, esposa de André, funcionária pública há dezenove anos, assistente social, empreendedora, cooperada, empresária há quinze anos, escritora, palestrante internacional, criadora de cursos online, especialista em Saúde Pública e Saúde da Família, mestre em Gerontologia Social, especialista em Neurociência da Felicidade. Com experiência de oito anos como docente universitária. Há treze anos fixei residência em Guarani das Missões, RS.

Sinto-me completa e muito feliz com cada passo de toda a minha história, pois algo que carrego desde o berço é a humildade; reconheço-a em minha existência e sou grata por tê-la como principal pilar. Hoje estou aqui por saber ouvir e compreender o próximo. Sou um ser humano completo em desenvolvimento. E assim provoco para que o outro também o seja — aliás, uma das minhas características é ser uma pessoa altruísta, pois desejo sempre ajudar o outro a se ajudar.

Meus primeiros passos de empreendedora foram ainda na infância. De família pequena, três irmãos, eu a do meio, perdi o colo quando do nascimento da minha irmã. Sim, perdi o colo, movimento tão importante e significante para a vida de cada ser humano. Faz parte.

Filha de pequenos agricultores, foi nesse seio que o essencial para o "ser empreendedora" nasceu, dentro de uma educação regrada de muito cuidado, de geração para geração, isso valia ouro. Exemplos e espelhos se reproduziam. Foi na comunidade do interior onde campo, lavoura, pedras, espinhos e rosas deram cor, suor, talento e felicidade.

Regada de bons costumes, a criança nascida em 29 de fevereiro de 1980 foi um ser de muita "sorte", ou não ("Sorte é o nome que vagabundo dá ao esforço que não faz", Leandro Karnal, São Leopoldo, 1º de fevereiro de 1963, historiador brasileiro, atualmente professor da Unicamp na área de História da América). Sorte? Não. Esperta, inteligente, interessada e, mais que isso, com muita atitude, honrei e continuo honrando meus pais, atendendo ao 4º mandamento da Lei de Deus, "Honre pai e mãe".

No hospital da então cidade natal, Frederico Westphalen, nascia num ano bissexto, nada comum. Fui registrada no dia 1º de março, nada concreto, mas certamente um dos objetivos foi garantir que todos os anos pudesse comemorar meu aniversário; uma criança já com propósito gigante, hoje entendido como um ser em transformação.

Em meio a dificuldades financeiras, estruturais e emocionais vividas pela família, a "filha do meio" cresceu fortalecendo sua independência, dia após dia. Aos seis anos, com a chegada da irmã mais nova, muita atenção foi depositada para a pequena bebê, e eu, já grandinha, ativei ainda mais a minha independência, fortalecendo diariamente a capacidade de autonomia, oscilando momentos bebê e momentos criança esperta, independente, de atitude.

Com meus pais, já os acompanhava nos afazeres domésticos e da lavoura. Cercada de amigos, familiares e sociedade, cresci sendo a segunda filha do seu Luiz Ceolin, um pai seguro, controlador, humildade em quantia, com limites bem claros, semeava bravura, firmeza e força. Um espelho de homem organizado, de homem que mantinha a fé e cobrava que esta fosse a força de nossos dias. Ela, Inês Viera Ceolin, uma mãe pura, simples, humilde, controladora, com uma esperança gigantesca, de coração macio e doce que tinha lugar para todos, em todos os momentos. Uma mãe exemplar, de amor, de afeto.

A pequena Diana cresceu e logo aprendeu os afazeres do lar, auxiliando também na lavoura, ofícios da família. Lá, na lavoura, uma das tarefas desenvolvidas para contribuir nas despesas da família em um determinado ano foi o cultivo de pepino, hortaliça que precisava de cuidados delicados. Em grande quantidade, a família produzia, embalava e vendia. Em meio a esse ambiente, com olhar atento ao melhor espelho da vida, aprendi a plantar, cuidar, colher, embalar e vender. Mesmo sem saber, foi ali que aprendi conceitos iniciais de empreender.

Na escola, dezenas de vezes os professores me incentivaram a estudar, garantindo que o estudo não ocupasse lugar, mas sim formasse com sabedoria, capacidade, proporcionando um conhecimento vasto e permitindo "sair da caixa" — ou fazer algo que não foi feito. Em casa, os pais levavam a sério o objetivo grandioso de estudar. Residente em comunidade bem interiorana, fazer faculdade requeria sair de casa e morar distante. Em suas idas e vindas entre escola, lavoura e casa, dois quilômetros de estrada de chão, pedra, chuva, frio e sol eram trilhados diariamente; entre amigos, os pensamentos, diálogos internos: sonhos foram crescendo.

Em um determinado dia, na escola, foi recebida por algumas frases que na época soavam normais. "Olha ela de cabelo queimado", "ela não tem shampoo", "não tem para cuidar do cabelo", entre outras que hoje vimos que não são tão normais assim. Mas o hino do Rio Grande do Sul corria na veia de cada aluno, cuja letra dizia: "Mostremos valor, constância nesta ímpia e injusta guerra; sirvam as nossas façanhas de modelo a toda a terra. Mas não basta pra ser livre, ser forte, aguerrido e bravo, povo que não tem virtude acaba por ser escravo". Lindo trecho que soava em tom forte, de aprendizado, persistência, sabedoria e liberdade; foi nele que finquei meus pés. E seguia com motivação para continuar minha formação.

O treino é diário, não duvide: hoje sabemos que essa é uma das formas pela qual nosso cérebro aprende. Ele precisa ser treinado, e o meu teve seu treino durante os anos de estudo, quando diariamente fui motivada direta e indiretamente pelos professores, tão sábios que, mesmo sem saber o que seria do futuro da pequena aluna, brilhavam na orientação.

Dos estudos à vida profissional

Ao concluir os estudos básicos, foi necessário decidir o rumo profissional. Uma certeza: a família não teria condições financeiras para sustentar uma faculdade particular — há vinte e cinco anos, educação de nível superior era então financiada somente pela faculdade ou pela própria estudante. Decisão difícil, pois não existia uma renda fixa para viabilizar o curso superior. Mesmo assim passei no então vestibular e coloquei em prática a independência adquirida ainda na infância. Valiosa independência cuja autonomia me fez tomar grandes decisões e atitudes.

Por falar em atitudes, foi de meus pais este grande exemplo: ao sair de casa levei o básico para o início dos estudos. Meus pais, sem condições de dar o melhor, ofereceram orientação, educação e, mais do que isso, o melhor exemplo. Sim, os pais são espelhos para os filhos.

Deus é maravilhoso e dá a cada um de nós a rica possibilidade de escolha, o caminho da reprodução de ciclos e o caminho diferente, de honra. Sair do conforto e alinhar as possibilidades da vida, desenhar e redesenhar faz com que sejamos seres humanos ainda melhores, mais autênticos, mais empoderados e, mais que isso, com muita atitude.

E foi assim que Luiz e Inês Ceolin, com atitude e exemplo, mostraram os dois caminhos para a filha que estava de saída para a construção do próprio caminho. Mais do que isso, mostraram que durante os anos de luta, batalha e sobrevivência familiar, principalmente a sobrevivência financeira só seria possível se eu tivesse atitude para tal transformação. Luiz e Inês, ao se despedirem de mim, depositaram muito amor, cuidado, afeto, preocupação, medos e também pequenos agasalhos em uma sacola de plástico, além de uma riqueza de verduras, legumes e alimentos para os primeiros dias de vida independente fora de casa, noutra sacola de plástico. Por alguns meses esse sustento serviu como uma base financeira. Orgulhosos, meus pais reforçavam em tudo o que aprendi naqueles dezoito anos vivenciados: a bagagem da minha vida estava repleta de conhecimentos e habilidades, exemplos de humildade, espiritualidade, valores e prosperidade, tudo absorvido deles.

Foram longos quatro anos e meio de dedicação, esforço e mais esforço, lutas e mais lutas, grandes dificuldades, desafios, mas muito foco, persistência e sabedoria para uma melhor condução. Nesse período de jornada, cuja escolha profissional se deu em Serviço Social, área das Ciências Humanas, formei-me assistente social com êxito, desenvolvendo com excelência o trabalho de conclusão de curso. Por que a escolha desse curso? Por cuidar de pessoas? Por trabalhar com o meio social? Por estudar história? Por estudar comportamento? Poderia ser tudo isso, mas não foi. Simples assim, porque era o curso mais barato da universidade. Indignação, dor, trauma? Não. Aprender a amar o que de fato precisa ser feito. E esse conceito passou por um treino cerebral diário — a Neurociência explica, 26 dias de treino, 21 dias para formular um novo conceito e 5 dias para a prática acontecer automaticamente. Sim, e aconteceu! Passando a amar cada vez mais o SER Assistente Social.

Dias difíceis, pois entre trabalho como estagiária e estágio curricular, dona de casa, vida social, ingressei em uma seleção do Coral da Universidade. Talento para cantora? Não. Mas por que cantar? Quem canta os males espanta, já ouviu essa frase? Pois é, mais do que isso. O ingresso como coralista garantia uma recompensa de 10% de abatimento na mensalidade e é claro que lá foi Diana mais uma vez aprender a amar o que de fato precisa ser feito. Quatro anos incríveis de muito aprendizado, disciplina, viagens, apresentações, tudo proporcionado com maior qualidade e cuidado pela universidade. Hoje, é um dos pilares que levo para os treinamentos e palestras, não poderia ser diferente. Aprender a amar o que precisa ser feito!

Enfim, com mérito, conclusão de curso, fui imediatamente indicada para o primeiro trabalho na área. Distante 400 quilômetros da família. Pedido de demissão do estágio (CIEE) para assumir como assistente social, antes mesmo da colação de grau acontecer. Normal? Talvez não. Mas aconteceu.

Missa de formatura em agosto de 2002. Não pude participar, pois estava longe de onde o evento aconteceria e não tinha condição financeira para me locomover até lá. Tudo bem, era só uma missa de formatura. Melhor foi o prazer em ver meus pais orgulhosos, primeira filha formada em nível superior e já trabalhando na área. O coração transbordava de felicidade; sim, este foi o nome, felicidade.

Uma linda história foi se iniciando. A emoção de ser indicada para um trabalho profissional se misturava com a enorme responsabilidade. Foi longe, 400 quilômetros da família, que comecei a minha trajetória profissional. Primeiro salário, compras... Nunca tinha visto tanto dinheiro no bolso! Dois objetos e um serviço foram prioridade nesse primeiro salário: uma mala de rodinhas, pois era um sonho — na hora da despedida com os pais, foram na sacola de plástico as roupas carregadas, portanto o sonho de colocar na mala se tornou realidade; o segundo foi um shampoo... Se tivesse como adquirir um de cada cor o faria, pois a dor emocional dos colegas de escola dizendo "Lá vem ela com os cabelos descuidados" ainda ecoava forte. Terceiro, um serviço, ir ao salão de beleza. Primeira vez, pois nem para a formatura isso foi possível. Não foi em qualquer salão: com honra, a professora Elô, que acompanhou durante os quatro anos de dores e feridas emocionais, conduziu a pequena Diana, agora Assistente Social, para a virada de chave. Impacto emocional: em meio à insegurança e medos, enfrentou; deixou o moço mexer em seu cabelo. De morena ondulada, cabelo longo aproximadamente pela cintura, nasceu a loira escura com mecha, liso e curto. Ao se olhar no espelho, se misturavam lágrimas de felicidade ao ver uma linda mulher se transformar.

Eis a importância de sonhar: quando se sonha, se tem motivos para acordar diariamente, passar "sebo" nas canelas para não sentir dor, sair e produzir, trabalhar para conquistar os sonhos.

Veio a colação de grau. Dez convidados, era o que o dinheiro alcançava. Lindo momento, muita resiliência e emoção. Dançar a valsa de formatura com o pai... Gratidão!

E depois do primeiro trabalho, muitos outros vieram. Alguns mais valorizados, outros menos. A vontade, o desejo de expandir, todavia, eram maiores. Em 2003 fui efetivada em concurso municipal. Agora era Assistente Social responsável por cuidar de muitas tarefas profissionais. Aprendizado constante, até os dias atuais. Dias bons, dias ruins, mas dias valiosos. Um trabalho árduo que requer persistência, inteligência e equilíbrio mental.

Em paralelo, uma vida social maravilhosa. Aproveitando cada momento com muita maturidade, encontrando pessoas que fizeram a diferença na vida e outras que me permitiram aprender muito. Em 2006 veio o casamento, firme até os dias atuais e que gerou duas lindas filhas, citadas no início deste texto.

Em paralelo a todos os estudos, concurso e família, investi no talento que Deus me deu: sou também palestrante e treinadora de equipes com uma empresa de assessoria e eventos, e meu esposo na área do varejo.

A felicidade é o que move o ser humano. Quando estamos felizes, encorajamos nossa atitude e nosso estado de espírito para sermos positivos, inteligentes. Quanto mais motivados ficamos, mais sucesso atingimos. Apaixonada pelo ser humano e seu potencial de realizar o que sonha, minha trajetória proporcionou várias possibilidades. Encontrei meu propósito de vida como palestrante e mentora na área do Desenvolvimento Humano.

Felicidade dá lucro, transforma o ser humano no que ele quiser: a felicidade me transformou em uma linda mulher. Descongele seu coração, pois a felicidade parte dele. Foi nessa caminhada de dor, valores, sentimentos e emoções que eu, Diana Ceolin, uni meu conhecimento e conteúdo e desenvolvi um método a partir de inúmeros testes. O objetivo maior: mostrar caminhos comprovados pela ciência que facilitam às pessoas atingirem seus sonhos, tendo como foco principal a Felicidade. É no desejo de transformação para cada pessoa que minha história de superação vem se escrevendo.

Nessa caminhada, conquistei a honra de ser docente de duas universidades, às quais sou muito grata pela rica experiência e valorização adquirida. Mais do que isso, a rica oportunidade de formar estudantes e profissionais de excelência.

Ainda nessa jornada, tive a honra de fazer parte da equipe do palestrante internacional Roberto Shinyashiki, atuando no suporte dos seus treinamentos, cursos e livros.

Durante essa jornada de mais de vinte anos, foram mais de 500 mil pessoas transformadas através de palestras, uni minha experiência no setor público e privado ao conhecimento que adquiri, para desenvolver o método que aplico hoje. Com energia, motivação e criatividade, crio conexões com meus públicos e ensino sobre o poder da felicidade para conquistar o tão sonhado sucesso.

Somado a isso, trago a teoria do comportamento, que ajuda a analisar e compreender frustrações, decepções e travamentos. Por meio de um método exclusivo, apresento caminhos a serem seguidos para estimular a felicidade dentro de cada um, gerando o movimento necessário para alcançar o sucesso.

Somos o que pensamos, a história de vida com a ciência

O nosso cérebro é especialista nas tomadas de decisões. Talvez você nunca tenha parado para pensar ou quem sabe você também é refém dessa informação. Desde nosso nascimento, tudo o que participamos, assistimos e vivenciamos fica armazenado em nosso cérebro, prontinho para a execução. Ainda na barriga da mãe, temos a capacidade de sentir e perceber tudo o que eles, nossos pais, estão vivenciando.

Compreensível entender então que tudo o que recebemos, ainda que em feto ou criança, reproduziremos, na vida adulta. Significa que todos nós temos duas opções: caminhar conforme a mesma regra, o mesmo ciclo, o mesmo formato ou caminhar remodelando, adequando, ajustando, rompendo ciclos e criando novos.

Na prática, posso expandir as opções ou posso recuar, encontrar dificuldades, medos, inseguranças e fraquezas. Crescemos ouvindo, assistindo e participando de um processo negativo. Logicamente, temos na nossa mente a grande possibilidade de reproduzir os padrões, de forma negativa, frustrante e desmotivadora.

Depende de mim.

Felicidade gera felicidade. Assim, acredito que todos somos capazes de realizar aquilo que sonhamos, pois nossos desejos partem de nós mesmos. Meu maior diferencial é potencializar essa energia sonhadora, que nasce em cada um. Com ela, é possível alcançar transformações no todo, pois foi possível transformar minha dor, meu repúdio, minha raiva, minha pobreza em sentimentos e ações boas, prazerosas e lucrativas.

Diana Ceolin

Especialista em Felicidade. Palestrante internacional formada pelo Instituto Gente "Roberto Shinyashiki", escritora, especialista em Neurociência da Felicidade, empresária, treinadora de equipes. Há dezenove anos atuando na área do Desenvolvimento Humano. Apaixonada por pessoas, especialista em Avaliação Comportamental de Comunicação — SOAR pela Florida Christian University, Flórida, Orlando, EUA. Com energia contagiante e um conteúdo significante, Diana gera transformação em sua palestra.

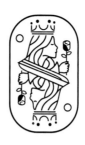

Ivana Ramos

Nasci em 18 de agosto de 1967, às 18h10, na Maternidade do Hospital Tricentenário em Olinda. Primogênita de pais apaixonados e amorosos, primeira neta e primeira sobrinha. Pense numa criança paparicada!

Qual a importância disso? Minha autoconfiança. Característica muito importante num empreendedor.

Quando estudamos gestão vemos que as características comuns a todos os empreendedores não têm relação com sexo, cor, classe social, religião: iniciativa, autoconfiança, persistência, resiliência, planejamento, liderança, conhecimento, a visão empreendedora, a capacitação e fé. Então, viver com pessoas que acreditam e investem no seu potencial tem muita importância.

Nesse ponto tive muita sorte! Sou canhota e poderia ter, diante das dificuldades, de alguma forma, sofrido por ser diferente. Mas minha mãe, pedagoga na época, sempre me disse que era lindo ser canhota, que os canhotos são mais inteligentes. Já imaginaram isso na cabeça de uma criança? Eu achava o máximo!

Estudei num colégio de irmãs Beneditinas na Sé de Olinda, chamado Academia Santa Gertrudes. Lá desenvolvi várias atividades. Participei de tudo que me era oferecido. Sempre fui boa aluna! Fiz teatro, participei das feiras de ciências, dos jogos internos (apesar de péssima atleta, rsrs), do grupo de jovens, dos retiros espirituais. Iniciativa era o que não me faltava. E também foi lá que vivi meu primeiro momento empreendedor: fundei, aos quatorze anos, o grupo de danças de lá — que existe até hoje. Coloquei o nome de Grupo Origens, porque priorizava, como boa olindense, as danças populares. As irmãs deram a maior força! Inclusive preparei um espetáculo que apresentamos no Teatro de Amadores de Pernambuco, com tudo pensado por mim: músicas, coreografia, figurino, iluminação, cenário. Minha criatividade voava longe e todo mundo me dava o maior apoio.

Com certeza meu espírito de liderança ajudou muito. Era muita admirada pela minha performance como aluna. Sempre nos primeiros lugares, com notas excelentes. Fui representante de turma, Rainha do Milho numa eleição por votação nominal (e não por venda de votos). Eram avaliados itens como simpatia e desenvoltura. Só me faltava a modéstia! Rsrsrs... Mas sempre me preocupava com meus colegas que tinham dificuldade. Tanto é que meu primeiro emprego foi como professora de reforço de Português e Matemática. Nunca vou esquecer o primeiro cheque que recebi do pai de uma aluna. E eu nem tinha conta em banco.

Mas a conta foi aberta pouco tempo depois: fui convidada para ter minha carteira assinada como professora de balé e eu ainda era de menor. Meu pai teve que autorizar e, como ele sempre foi um homem à frente do seu tempo, permitiu. Ele sempre nos ensinou que nunca deveríamos depender de ninguém e não mediu esforços para nos oferecer o que podia em prol de nosso crescimento pessoal.

Fiz inglês, espanhol e francês, investindo no meu conhecimento, na minha capacitação. Imaginava que precisava ter várias portas abertas para poder escolher o que fazer. Ficava imaginando se meus pais nos faltassem como eu iria viver. E olha que eu só tinha quatorze anos, era muito precoce, tinha muitos amigos adultos, adorava conversar sobre tudo, estava ávida por conhecimento. Todo aprendizado é válido. Sempre fica algum ensinamento.

Ela faz a diferença

Veio o ano do vestibular. Que angústia! Eu sempre quis fazer Medicina, mas minha paixão pela dança me fez balançar. Daí, mais uma vez, conversei com minha mãe. Ela me viu tão agoniada que disse: "Menina, faça o que seu coração mandar! Estaremos sempre aqui para o que precisar!". E daí fiz a minha inscrição para o curso de Educação Física, porque aqui não tinha escola de dança, só em Salvador. Aí entra uma coisa chamada destino: não passei no teste de aptidão da Universidade de Pernambuco (UPE) e na minha segunda escolha eu coloquei Medicina.

O que aconteceu a partir daí? Passei nos dois vestibulares: em Educação Física na Universidade Federal de Pernambuco (UFPE) e em Medicina na UPE. E o que fiz? Cursei Educação Física e tranquei o curso de Medicina. Será que foi uma loucura? Hoje vejo que não. Ao retornar para o curso de Medicina estava mais madura e mais segura.

Nesse meio-tempo fiz pós-graduação em Motricidade, fiz um concurso para professora de Educação Física do estado de Pernambuco e abri uma academia de ginástica — sim, meu primeiro negócio! Mas pequei na falta de planejamento e quebrei. Tive que fechar. Não tinha capital de giro, nem tempo para estar à frente do negócio, já que estava no curso de Medicina e ainda trabalhando.

Daí podem perguntar: e como conseguiu trabalhar? Foi um exercício de persistência. Saí de porta em porta com o meu vínculo da Secretaria de Educação para ficar à disposição da Secretaria de Saúde. Muitos "nãos" depois, consegui e fui me apresentar na Maternidade Barros Lima, onde eu era acadêmica de Medicina. Quando o diretor viu a publicação no Diário Oficial quase teve um troço. Onde iria me colocar, já que eu ainda não era médica? Ele perguntou se eu sabia coletar sangue. Pasmem: eu nunca tinha manuseado uma seringa, mas respirei fundo e respondi: "Sei!". Ele nem piscou: mandou eu me apresentar no laboratório de análises clínicas para um plantão de 24 horas aos domingos. Era um sonho! Eu ia conseguir estudar e trabalhar!

Quando cheguei no laboratório, a biomédica-chefe pediu para que eu fizesse uma coleta no berçário. Quando ela viu minha cara de pânico, logo deduziu que eu não sabia colher. Mais uma vez a sorte me ajudou: com paciência, ela me ensinou e eu passei a ser uma das melhores flebotomistas do serviço.

Nesse meio-tempo fiz concurso para o departamento de anatomia da UFPE, casei pela primeira vez e continuei estudando. Na faculdade fazia de tudo um pouco: vendia sanduíche, brigadeiro, almoço, tudo para ter uma renda extra. Queria comprar meu primeiro carro: um velho fusca azul... Coitado! Era tão velhinho! Rsrsrs... Mas é assim mesmo, minha velha avó já dizia: "Não há glória sem sacrifício". É aí que vemos a importância da resiliência.

Terminei o curso. E agora? Outro momento de pânico! Um dia você é estudante e tem um professor pegando sua mão e lhe ensinando, no outro você é um profissional com um carimbo na mão, responsável por seus atos e pela vida de seus pacientes. Fui conversar com o diretor da Faculdade de Ciências Médicas, que, com seu sorriso paciente, acalmou meu coração e me disse que eu teria casos muito fáceis, fáceis, difíceis e muito difíceis por toda a minha vida. Que fosse humilde e pedisse ajuda e assim o fiz. Sempre recorro aos "universitários" para pedir ajuda e assim fui montando um grande network, vários colegas de outras especialidades com experiência para me orientar e dar respaldo.

Fui trabalhar no interior: Vitória de Santo Antão, Escada, Feira Nova, Catende, Pombos, Ribeirão, Paudalho. Em cada hospital uma vivência, uma história. Muita carência, muita fome, hospitais sem recursos. Eram mais de 700 quilômetros por semana. Um aprendizado para a vida toda! Mas aí meu segundo marido me questionou (sim! A fila andou!): "Você vai querer mesmo ser médica de interior?".

Acordei um dia e pensei: "Por que não vou ser assistente de uma médica mais experiente?". Liguei para uma colega, que me acolheu, e em poucos dias eu estava no consultório dela atendendo pacientes de convênio, adentrando os hospitais privados do Recife e me enchendo de conhecimento.

Terminei meu curso em agosto de 1995 e em setembro de 1997 eu já estava abrindo meu primeiro consultório privado, em Piedade,

Ela faz a diferença

Jaboatão dos Guararapes, PE. Foi tudo muito rápido: primeiro aluguei duas tardes; em um ano, o consultório todo. Fui pedindo demissão dos meus empregos e meti a cara na clínica privada. Fiz cinco pós-graduações para me especializar em Reprodução Humana Assistida, Sexologia, Cirurgias Laparoscópicas, Patologia do Trato Genital Inferior e mestrado em Endometriose pela Universidade de São Paulo — esse, um capítulo à parte, mais um teste de resiliência. Como fazer mestrado em São Paulo sem morar lá? Indo todas as semanas. Houve épocas de pegar o voo pela manhã e voltar à noite. E os custos? Tudo com recursos próprios. Aos trinta e cinco anos fiz a minha inscrição com um trabalho científico para um Fellow nos Estados Unidos. Consegui!

Daí, com planejamento, veio o desejo de alçar maiores voos. Meu consultório já era um sucesso, mas funcionava em uma clínica na avenida e estavam começando os assaltos, não tínhamos segurança. Ainda não existiam centros empresariais, era o ano de 1999. Estávamos juntando um dinheiro para a compra de nosso primeiro apartamento. Frequentávamos o Shopping Guararapes e um dia pensamos: por que não colocar o consultório no Shopping? Estava sendo inaugurada uma área médica e uns amigos tinham instalado uma clínica para realizar exames de prevenção do câncer ginecológico. Pedimos orientação e com a cara e a coragem fizemos uma proposta, que foi aceita. Em 1º de novembro de 2000 inauguramos a La Donna Medicina da Mulher, numa loja de 35 m².

A clínica era voltada para a saúde da mulher, com conforto, segurança, estacionamento e horário estendido. Sem dúvida fui pioneira nesse tipo de serviço: a primeira clínica ginecológica dentro de um shopping no estado de Pernambuco. Bombou! Em 12 meses tínhamos quitado todas as dívidas e eu comecei a construir o meu patrimônio: apartamento, carro, salas comerciais. Mas nem tudo são flores... Meu casamento entrou em crise, veio o divórcio e tive que me reinventar — o curso de Medicina não ensina administração, contabilidade, marketing!

Fui para a sexta pós-graduação: MBA em Gestão de Clínicas e Consultórios. Então o bichinho do empreendedorismo que não sossega voltou a me sacudir! Eu estava bem desanimada, mas tomei fôlego novo.

Vi que a clínica estava pequena, muito apertada para as pacientes. Precisávamos de mais espaço. Comecei a procurar alternativas e, por coincidência, bem em frente à loja que ocupávamos há vinte anos, vagou um espaço de 250 m² onde funcionava uma clínica de imagem. Nesse meio-tempo casei novamente! Sou rápida, né? Em janeiro de 2020 comecei uma negociação com o shopping e quando foi aceita... Pandemia!

A gente logo pensa: "Nada é fácil, né?". Mas desistir jamais. Novamente o pânico toma conta de você. O shopping vai fechar! Lockdown! Por quanto tempo? Como vou honrar os pagamentos? E os funcionários? Folha, plano de saúde? Um verdadeiro caos! Mas tudo foi se ajustando: o shopping só cobrou a manutenção, o governo federal deu a opção de pagar a folha, isentou INSS e FGTS e eu consegui uma sala de um amigo, na Ilha do Retiro, para continuar trabalhando.

Acreditem! Consegui me capitalizar e quando passou a epidemia, em julho de 2021, começamos as obras de reforma para a mudança. O pensamento era uma clínica mais completa, com mais especialidades, laboratório e imagem. Fizemos um projeto arquitetônico robusto e redesenhamos a marca. Tive a ajuda crucial de meu marido e seu filho, ambos engenheiros. Madrugadas a fio vendo a clínica se vestindo: hoje somos a La Donna Mais, Medicina e Diagnóstico. Fiz questão de inaugurar no mesmo dia do ano 2000, dessa vez dia 1º de novembro de 2021, vinte e um anos depois; maioridade!

Tenham certeza: é preciso ter fé! Lutar, acreditar, montar uma equipe de colaboradores fiéis e robusta para validar o seu sonho. Hoje esse sonho mantém 25 famílias — crescemos: temos 25 colaboradores! Desses 25, 3 estão comigo desde a inauguração, equipe fiel e dedicada. Eu não conseguiria sozinha. Agradeço também à minha equipe de cirurgia. Juntos há mais de vinte e cinco anos, somos um time. Que esta história sirva de inspiração para que mais mulheres empreendedoras tenham sucesso.

Ivana Ramos

Médica e empresária desde 1997. Especialista em Ginecologia e Obstetrícia. Pós-graduada em Reprodução Humana Assistida. Mestra em Endometriose pela Universidade de São Paulo. Titulada em Sexologia, Histeroscopia e Videolaparoscopia.

MBA em Gestão de Clínicas e Consultórios. Sócia-fundadora da Clínica La Donna Mais — Medicina e Diagnóstico.

Priscilah Plaça

Em março de 2020 todos nós passamos por uma transformação gigante, ansiedade, medo, insegurança, pânico e, naquele momento, tivemos que refletir sobre a vida, as pessoas e as coisas que nos cercavam. Fatalmente, tivemos que colocar numa balança o que era e o que não era importante, o que era real e essencial e o que talvez não fizesse mais parte da nossa vida.

Então, foi assim que esta história começou. Em março de 2020, fiquei com o coração apertado como nunca, com tanta angústia e tanto medo de perder aquilo que eu tinha de mais importante: minha vida, as pessoas que eu amo, minha família, minha filha e meus pais. Como é difícil a gente se sentir inseguro, né? O mais difícil é a gente tomar qualquer decisão na vida quando a gente está inseguro. Naquele momento doeu meu coração, doeu porque eu via tudo aquilo acontecendo, aquele cenário caótico, as pessoas perdidas, desesperadas e, caramba, eu não era médica! Não consegui resolver o problema da Saúde, sequer entender muitas das informações e orientações que eram dadas naquele momento. Como eu, que sempre zelei pelas pessoas, sempre gostei de cuidar, de estar perto, dar abraço, poderia ajudar?

Eu, uma mera vendedora, especialista em vendas, parei para pensar. Naquele momento, como que eu conseguiria interferir nesse processo de dor e insegurança? Foi aí que percebi que poderia ajudar dando o melhor de mim como ser humano. Primeiro, ajudando as pessoas que estavam ao meu redor, por isso tentei apaziguar a minha filha, seus medos e suas angústias. Trouxe os meus pais mais para perto, de forma digital, tentei estar mais presente e passando segurança. Mas eu tinha um compromisso além...

Se existe uma coisa que a gente aprende no momento de mutação, de crise, de insegurança é que o seu propósito tem que ser muito maior do que o seu mundo, muito maior do que aquilo que te cerca. Foi então que comecei a perceber que queria interferir em tudo isso, ajudando aqueles que sempre confiaram em mim, não só como pessoa, mas também como profissional. Com tanta gente passando fome, desempregada, clientes me ligando dizendo que a equipe de vendas estava perdida, que não sabiam o que e como fazer e perguntavam se eu topava conversar com eles, só para fazer uma mentoria, ajudando-os a trabalhar nesse cenário caótico. Os vendedores querendo saber como seria essa nova abordagem, como seriam os próximos passos, como iriam trabalhar...

Tenho um propósito muito grande, que é ajudar por meio do conhecimento de vendas, e foi exatamente aí que entendi que, mesmo não sendo médica, e eu não ia conseguir nada no quesito saúde, talvez pudesse começar a ajudar o país na economia, nos negócios e fazer com que as pessoas, pelo menos, tivessem a oportunidade de sobreviver.

Até aquele momento, ouvia muita gente se lamentar e reclamar de desemprego, pessoas perdidas sem saber o que fazer. Pensei comigo: "Caramba, não é possível, com quase cinquenta anos, tanta experiência, tanto aprendizado que já tive na vida, não posso ajudar as pessoas com aquilo que eu sei?".

Numa noite, por volta das quatro horas da manhã... "click"! Levantei da cama e fui para o escritório que tenho em casa, falei novamente comigo: "Estou com tantas ideias, preciso coordená-las de uma forma que as pessoas consigam entender como fazer essa reviravolta". Nessa altura, eu já estava fazendo isso na minha empresa, tendo que transformar e reinventar, mesmo diante daquela angústia, todo o meu modelo de negócio. Precisei fazer isso, tinha minha empresa, as pessoas e uma responsabilidade gigante por trás de cada uma delas. Sempre zelei muito pelas pessoas e não queria que a minha equipe também sofresse com a minha insegurança — mesmo sabendo que temos também que mostrar e compartilhar os momentos de sensibilidade, angústia e incerteza.

Nessa mesma madrugada, de pijama no escritório, peguei um flipchart e comecei a desenhar o passo a passo de como que eu estava realmente entendendo esse momento, como que na minha cabeça tudo aquilo que vinha fazendo poderia fazer sentido não só para mim, mas para outras pessoas também. Como trabalhei a vida inteira vendendo e dando treinamento em vendas, o que aconteceu foi que, ali, consegui desenhar um racional dividido por pilar. Quando olhei para o flipchart desenhado, vendo tudo aquilo que estava antes apenas na minha cabeça, pude sentir e entender o chamado. Me senti tocada. Talvez aliviada de poder colaborar de uma forma humilde através do meu conhecimento.

Mas nem tudo foi tão simples, nem sempre a gente se sente preparado para ouvir o nosso chamado. Para ser bem honesta, foi muito maluco esse momento: mesmo tendo as ideias organizadas, sabendo o passo a passo de como ajudar, com aqueles blocos de conhecimento desenhados, como eu faria com que aquilo tudo chegasse às pessoas que mais precisavam? Você pode ter a melhor intenção do mundo, mas se a intenção e a ideia não forem executadas, como você vai fazer esse negócio chegar nas mãos certas?

Foi aí mais uma vez que ouvi a minha intuição. Sempre gravei muitos vídeos, então peguei cada um dos blocos e gravei vídeos explicando o que era cada um daqueles pilares. Ficaram muito legais quando eu vi o vídeo, então peguei o flipchart, fui mostrando como é que aquilo funcionava, o que é que eu achava. Fui soltando a voz para mostrar minhas ideias organizadas dentro daquele processo, naquele racional. Mostrei para várias pessoas que conhecia, até que uma delas virou para mim e falou que aquilo tudo precisaria virar um livro. Pensei: "Que loucura é essa? Escrever um livro? Só se eu estivesse louca...". Mal estava conseguindo administrar tudo, salvar meu negócio, manter minha equipe focada, reinventar as empresas, ser mãe, cuidar da filha, ajudar nas aulas online, cuidar da casa, lavar e passar roupa, lavar louça, arrumar a casa... No pior momento da minha vida, escrever um livro?

Apesar de sempre ter sido um sonho deixar algo para as pessoas, eu só conseguia pensar nas minhas limitações e minha primeira reação foi recusar. Contudo, poucos dias depois, pensando, sentindo, refletindo, falei para mim mesma: "Se tudo isso está vindo em minha vida agora, é porque tem um propósito". Acredito na sincronicidade do universo e acredito que, se você está pronta, a oportunidade aparece. Foi aí que a minha mente se transformou e eu só conseguia repetir: "Por que não?". Já estava tudo revirado, transformado e complicado; na pior das hipóteses, pelo menos estaria cumprindo o meu papel de ajudar as pessoas e deixar um legado, que é o que sempre quis no meu propósito de gente.

Momentos como esses fazem a gente duvidar do nosso próprio talento, como aconteceu comigo. Achei que mal estava conseguindo fazer aquilo que eu já sabia fazer, imagina iniciar uma coisa nova, diferente? Muitas vezes na nossa vida, em nossa carreira, paramos e pensamos que está tudo bem, está bom do jeito que está, sempre fiz desse jeito, aqui não funciona coisa nova. Já passei por isso várias vezes e o cérebro da gente quer sempre voltar para aquilo que ele já sabe, para aquilo que ele já entendeu. Passei por tantas coisas em minha vida, como perder casa em incêndio, duas gravidezes fracassadas, já quebrei uma empresa e hoje tenho três; já fiz muita besteira na hora de trocar de emprego. A verdade é que já tomei um monte de decisão errada. Diante disso tudo, eu não tinha nada a perder, já tinha o não e talvez fosse a hora de fazer algo diferente. Poderia ser uma oportunidade de produzir algo que fizesse sentido na vida de alguém que está nessa mesma situação que eu hoje, no meio de tanta decisão para tomar.

Empreender no Brasil é um problema gigante, mas também pode ser uma grande oportunidade. A gente aqui no Brasil vive, revive, sobrevive, se transforma, nasce de novo. A gente não pode comparar o impacto de uma crise com outra, porém se existe uma coisa que a gente não vai poder dizer é que não sabemos o que é uma crise. Então, parei nesse momento e pensei: "Poxa, se eu estou fazendo tudo isso e consegui fazer uma empresa sobreviver, se reinventar e crescer no momento de crise, por que não compartilhar isso com as pessoas?". O empreendedor está lá todos os dias tentando entender como sobreviver num novo cenário. Foi por isso que mudei de ideia, porque me achei muito egoísta tendo isso estruturado para mim e não compartilhar. Quando a gente decide, escolhe, toma uma decisão, o milagre acontece. Aí, com atitude, pensamento e energia, as coisas vão para a frente!

Diante de tudo isso, o meu convite é para que você pare e se observe. Entenda você mesma e mude o seu ponto de vista. Você é protagonista da sua vida e por isso se conhecer e usar a mente a seu favor será fundamental para que, dia após dia, se reinvente e perceba que você é a peça principal do jogo da sua própria vida.

Priscilah Plaça

Especialista em Vendas, criadora do Método Venda de Valor, um projeto para ajudar empreendedores e vendedores a prosperar em seus negócios, tendo no seu canal do YouTube e Instagram o portal de divulgação gratuita de conteúdos. Com trinta anos de carreira, atuando como executiva em desenvolvimento de vendas e recursos humanos em grandes organizações. Fundadora da consultoria People and Sales, que desenvolve arquiteturas como: universidades, Bombril, Raízen, M Dias Branco, Grupo NC Farma, entre outras. Autora do livro *Vendas, esse é o jogo*, primeiro e único livro que faz uma releitura de vendas pós-pandemia.

Iris de Cássia

É o dia 9 de agosto de 1992, a grande final do vôlei masculino nas Olimpíadas de Barcelona. O primeiro ouro olímpico da nossa seleção! Dia em que eu, com apenas dez anos, recebo a minha primeira caixa de pedidos de cosméticos para revender. Quanta emoção!

Meus olhinhos castanhos brilham intensamente, minhas pequenas mãos tremem e estão geladas. Posso ouvir, literalmente, as batidas do meu próprio coração. Foram pouco mais de três meses aperreando a minha mãe para que ela se cadastrasse em uma empresa de cosméticos, pois eu queria revender e, assim, ajudá-la um pouco mais.

Meus pais acabaram de se divorciar e a nossa situação ficou muito difícil; a minha mãe dá um duro danado trabalhando para sustentar a minha irmãzinha e eu. Já ajudo cuidando da casa e da minha irmã, além de estudar, mas gostaria de ajudar mais, aliviando um pouco as despesas dela.

Tenho certeza de que depois de tanto "Ah, menina, vai estudar!", "Iris, vai brincar, vai! Deixa de história!", "Larga de invenção, menina!"... a minha mãe só fez o bendito cadastro pra eu sair do juízo dela! Rsrsrs. Mas ela logo verá que a coisa é séria, pois a minha dedicação e vontade vai surpreender a ela e a muita gente!

Quatro anos se passam e eu ainda vendo os cosméticos no colégio e no bairro onde moramos. Nossa! Quanto aprendi nesses anos! Olha, empreender é massa, mas não é um mar de rosas; são muitos desafios, coisas para gerenciar e organizar: pedidos; fluxo de caixa; lucro; reinvestimento; estoque para pronta entrega; data de fazer o pedido; datas para entregas; metas a cumprir. Ufa! Mas ter minhas coisas sem ficar pedindo pra ninguém é maravilhoso. Agora também dou aula de reforço para as meninas das ruas próximas à minha casa.

Mais dois anos se passam e agora uma pausa no mundo do Empreendedorismo e foco nos estudos. São três anos de muita dedicação, pois após o ensino médio quero entrar na faculdade.

Aproveito esse momento para olhar para trás e percebo o quanto cresci. E quantos desafios enfrentei! Quantas críticas, julgamentos, pessoas caluniando e inventando coisas que nunca aconteceram (e como é bom e reconfortante ter a consciência tranquila quanto a isso). Me tornei ainda mais independente — sempre fui, desde muito pequena —, mais decidida quanto aos meus objetivos e mais determinada ainda a ser a diferença, já que já era a "diferente", a "do contra", a que "parece que foi trocada na maternidade"!

Sim, sempre fui considerada diferente!

A criança que já nasceu adulta, com uma inteligência acima da média e que sempre tinha uma resposta pronta, mas que também sofreu muito, era considerada chata, pois sempre teve sua própria opinião e não falava ou fazia nada apenas para agradar.

Julgada, criticada, deixada de lado, muitas vezes maltratada, difamada por pessoas da própria família em várias ocasiões, por pessoas que simplesmente não aceitavam o fato de eu ser diferente da maioria. E como doeram todas essas coisas, pois eu era uma criança! As pessoas simplesmente ignoravam isso quando falavam e faziam coisas absurdas. Em um mundo de "iguais", ser diferente parece ser uma afronta!

Mas em vez de me revoltar e fazer um monte de besteira que iria prejudicar, acima de tudo, a mim mesma, preferi me dedicar ainda mais aos meus estudos e aos meus objetivos, pois meu futuro e minha felicidade são responsabilidades minhas e de mais ninguém.

Bom, vamos adiantar um pouco o tempo...

Estamos em 2006 e eu realizo um dos meus maiores sonhos: meu filho! Lembro que, quando eu tinha apenas oito anos, falei que eu teria um menino e que ele se chamaria Nicholas. Agora ele está com dois anos, é uma criança linda e muito tranquila. Mas algo dentro de mim não está bem; definitivamente não nasci para ser dona de casa e viver na dependência de alguém.

Volto a empreender com cosméticos, uma empresa diferente e que também me permite treinar e desenvolver pessoas. Ali descubro o quanto esse trabalho de treinar e compartilhar conhecimentos me realiza! Sim, nasci para produzir, compartilhar conhecimentos e ajudar pessoas, principalmente mulheres, a se desenvolverem.

Quase dois anos se passam e me descubro palestrante, literalmente no susto: precisei substituir, em cima da hora, o palestrante que havia ficado preso no trânsito devido a um acidente. Eu nunca havia falado em público para tanta gente! Surpreendentemente, me saio bem e todos gostam e ficam emocionados com a palestra. Ainda hoje tenho certeza de que Papai do Céu falou através de mim e me mostrou um dom que iria transformar a minha vida e a vida de milhares de pessoas!

Aí, novamente, voltam também os desafios, as críticas e o julgamento: "Mas seu filho é muito pequeno!", "Ah, mas seu marido já não trabalha?", "Mas o que seu marido acha de você ficar tanto tempo fora?". Pois é, o simples fato de ser mulher já parece que torna o fato de você ter marido e filho e trabalhar um absurdo para algumas pessoas. Minha trajetória de mulher, nordestina, que ousou começar a empreender tão pequena, foi desafiadora, pouco apoio e muita crítica!

Todavia, uma coisa que eu sempre ouvi, ainda que o contexto fosse de crítica, mas que me motivou muito foi "Você sonha alto demais!"...

Ahhh! Sonho, sim! Sonhar grande ou pequeno dá o mesmo trabalho! Sempre tive sonhos e objetivos ousados e isso me levou a realizar grandes coisas, muitas das quais eu nem imaginava que faria e alcançaria. Os desafios, contudo, não pararam por aqui.

Vamos adiantar o tempo mais um pouquinho...

Agora estamos em 2015. E que começo de ano desafiador! Acredito que um dos mais desafiadores até então.

Semana da Páscoa, quinta-feira, amanhece o dia, tomo café da manhã com meu filho e não tem mais comida em casa. A dor de uma mãe que olha para seu filho quando ele pergunta o que seria o almoço e ela não tem força pra dizer que não tem nada... Vou para o meu quarto e choro escondida dele! Oro, pois é a única coisa que posso fazer nesse momento.

Após um tempo saio do quarto, lavo o rosto e vou colocar a roupa para lavar. Lembro que a minha irmã do coração, Virgínia, está com um perrengue: marido e filha doentes. Ligo pra ela para saber como eles estão e como ela está em meio a tudo isso. Ao ouvir a minha voz, ela percebe que algo não está bem. Demoro quase vinte minutos, com ela insistindo muito, para conseguir falar para ela, que respira fundo e diz: "Desliga o telefone, daqui a pouco falo contigo!". "Tá bem!", é a minha resposta.

Vinte minutos depois meu celular toca: "Ei, vai agora no mercado, tem um valor na tua conta", "Como assim?", "Adiantei uma parte do valor do Clube do Livro e, quando liguei para a minha amiga que é caixa na lotérica aqui perto e pedi pra ela atender Ste com uma certa urgência, expliquei a situação e ela também depositou um valor pra você", "Meu Deus, mas ela nem me conhece!", falo com os olhos lacrimosos e emendo: "Maluquinha, agradeça muito a ela por mim, por favor!".

Só para esclarecer: eu tinha um Clube do Livro Espírita e a Virgínia era distribuidora do bairro em que morava. Ela me ajudava nesse trabalho lindo. E maluquinha é a forma como eu carinhosamente a chamo.

Voltando à história, volto ao quarto, oro agradecendo a Deus e vou ao mercado com o coração repleto de gratidão! Aquele dia mudou a minha vida para sempre! A empatia da minha irmã do coração e da amiga dela, com uma pessoa que ela nunca tinha sequer visto na vida, me tocam profundamente e me fazem tomar uma decisão: nunca mais passaria por aquela situação na vida!

Três meses depois estou fazendo as minhas duas primeiras formações em Coaching, após estudar um ano e meio sozinha. Durante esse processo, recebo um convite para ser embaixadora de um grupo de mulheres que atua em São Paulo, o que pra mim é um baita desafio — mas, como amo um bom desafio, aceito. Em poucos dias reúno um grupo com quase cinquenta mulheres muito fortes, aqui no Recife e Região Metropolitana (mais uma surpresa para mim). De última hora, a presidente do grupo desiste de vir para o evento que organizamos, e é aí que começa a minha história com as Mulheres Empreendedoras!

Lembra do grupo forte de Mulheres Fortes? Presidente da Facepe, gerentes do Sebrae, Empreendedoras e Empresárias? Pois elas começam a me ligar dizendo: "Nós entramos nesse projeto por sua causa! Foi sua força que nos uniu! O que você disser que fará, nós estaremos com você!". Meu Deus! Eu literalmente coloquei as mãos na cabeça e pensei: "O que eu vou fazer? Essas mulheres mal me conhecem! Que loucura é essa, meu Deus?". Sim, eu estou muito assustada!

É agosto de 2015 e estou pensando em retomar meu projeto de me tornar uma Coach Executiva. Então a minha amiga Marta me liga e diz: "Estou com você, vamos fazer um projeto para auxiliar as mulheres empreendedoras daqui". "Amiga, eu não faço a menor ideia do que fazer!", foi a minha resposta. "Calma, vamos pensar juntas. Eu te ajudo!", "Martinha, vou agilizar as coisas aqui, pois o Nick já já chega da escola, mais tarde a gente se fala com calma, tá?", "Certo, amiga, à noite a gente se fala". Desligo o telefone, faço uma oração e vou fazer o jantar.

A Martinha me ligou depois e falamos sobre algumas ideias sobre o que seria o nosso projeto. Antes de dormir naquela noite, faço uma oração: "Senhor, eu não sei o que fazer, não estou entendendo o que está acontecendo, mas se essa for a sua vontade pra mim, se for esse o caminho que o Senhor traçou pra mim, por favor me dê um sinal!".

Acordo no meio da madrugada e ouço uma voz falando: "Rede Ela Empreendedora".

Ainda atordoada, levanto e anoto essas palavras. Ainda hoje me emociona quando me recordo dessa noite...

Novembro de 2015, noite do dia 17, nasce oficialmente a Rede Ela Empreendedora! Uma noite linda, com autoridades e pessoas importantes do empresariado local, patrocinadores fortes e muitos empreendedores — sim, mulheres e homens também. Auditório cheio, divulgação na imprensa e a gente com o coração repleto de gratidão e esperanças!

Sim, nós!

Um grupo de anjos que Deus colocou em meu caminho, naquele momento: Carla Fernanda, Dani, Dayse, Gabriel e Welli. Eles me ajudaram a lançar a Rede e a dar os primeiros passos dela. Hoje cada um segue seu caminho, mas a minha gratidão por cada um deles será para toda a vida, assim como a minha torcida pelo sucesso deles!

Realizamos inúmeros eventos, impactamos milhares de mulheres, conhecemos histórias inspiradoras... e ainda temos muito a realizar!

O empreendedorismo faz parte da minha vida desde muito cedo. E sou muito grata por isso. Cada mulher que chega até mim através da Rede ou das minhas palestras e mentorias me relembra a minha trajetória, me toca e motiva ainda mais. Ser mulher é uma dádiva, somos fortes e resilientes por natureza, somos capazes de transformar o mundo — e ainda assim, há muito o que melhorar!

Agora estou no dia 17 de novembro de 2022, sete anos de atuação da Rede Ela Empreendedora. Iniciamos a segunda edição do Congresso Internacional de Empreendedorismo e Liderança Feminina. Mulheres maravilhosas, grandes palestrantes e profissionais de sucesso compartilhando conhecimento e empoderando outras mulheres.

Mulheres são como as águas, crescem quando se juntam. Não sei quem é o autor dessa frase, mas concordo plenamente com ela. Quando mulheres se unem, grandes transformações acontecem. E trabalhar desenvolvendo mulheres me realiza. Quando vejo uma mulher mais confiante, assumindo as rédeas da própria vida e mais feliz, acabo sendo a mais feliz e realizada delas, pois sei que estou no caminho certo.

Superei muitos obstáculos, enfrentei grandes desafios, nem sempre tudo é lindo, mas valeu a pena. Quantas conquistas, quanto crescimento, quantos horizontes ampliei. Quando olho para essa trajetória, tenho muito orgulho de mim! Erros, acertos, momentos lindos, momentos desafiadores, muito aprendizado e muitas conquistas: assim é o meu trabalho à frente da Rede Ela Empreendedora e assim é a vida de cada empreendedora. O importante é jamais desistir, acreditar em si, seguir firme em busca dos próprios objetivos e jamais comparar seu tempo e sua trajetória com os de outras pessoas; é no seu tempo que sua realização vai chegar.

O Fracasso só existe para aqueles que desistem, afirmo.

Fracassa quem desiste de seus sonhos, quem desiste de ir em busca de sua felicidade. Para quem deseja o sucesso no que faz, desistir jamais será uma opção.

E você, que está lendo até aqui, lembre: acredite em si! Você é capaz de superar e realizar grandes coisas. Jamais permita que alguém te convença do contrário. E se você achar que ninguém acredita em você, saiba que eu acredito!

Iris de Cássia

Empreendedora desde os dez anos; graduada em Comércio Exterior; MBA em Gestão de Pessoas e Coaching; palestrante internacional; fundadora da primeira rede de empreendedorismo feminino em Pernambuco, a Rede Ela Empreendedora; mentora de mulheres empreendedoras; cofundadora da primeira cooperativa de palestrantes do Brasil, a Cooperativa Conexão Novo Mundo; a Iris é apaixonada por livros, dança, pessoas e por desenvolver mulheres ajudando-as a serem mais seguras, felizes e realizadas.

Katarina Mota

No auge da pandemia, em maio de 2020, fui desligada da empresa em que trabalhava, como tantos outros. Confesso que ser demitida nesse período foi desesperador, não tinha certeza de nada do que estaria por acontecer no mundo, mas acabou sendo pra mim uma liberdade, o empurrão que precisava para sair da minha zona de conforto, pensar fora da caixa. Só sabia de uma coisa: tinha que me reinventar e criar algo diferente para minha vida, não só naquele momento, mas também pensando no futuro. Todavia, preciso aqui voltar um pouco ao passado...

Trabalhei por treze anos como decoradora e produtora de eventos, realizando grandes jobs. Durante esse período, fiz parte de uma equipe, e muitas vezes como responsável pela organização, montagem, liderança e execução de vários projetos — Réveillon do Zé Maria (Fernando de Noronha), Carnaval Carvalheira (Recife), Réveillon da Praia de Carneiros (PE), casamentos, quinze anos, festas corporativas...

Vivenciei várias histórias nesse período, cada cliente tem seu modo de pensar e de sonhar. Acabei tendo contatos prolongados com eles, de meses ou anos, fazendo com que os laços se estreitassem e, daí, pudesse fazer parte dos seus grandes sonhos, seja em espaço fechado, praia ou campo.

Ela faz a diferença

Quando entrei nesse mundo de eventos, não sabia absolutamente nada, nem mesmo abrir um botão de rosa para montar um buquê de noiva. Fui desafiada a montar um casamento para 400 convidados, na época não tinha projeto algum, tive que olhar um desenho no papel e transformar tudo em um grande evento, literalmente, muito desafiador. Apenas fiz, mesmo com medo do fracasso. Graças a Deus e ao meu trabalho, essa primeira experiência foi um sucesso, tendo um feedback muito positivo tanto do cliente quanto da equipe de profissionais que trabalhou comigo. Nesse momento percebi que era capaz e que tudo, simplesmente tudo, só dependia de mim!

Desse dia em diante os desafios só aumentaram. Certa vez, tive que montar um casamento em Fernando de Noronha, onde a logística de material e flores é muito difícil, e a montagem era feita com uma equipe reduzida, eu e mais quatro pessoas apenas. A responsabilidade total do evento caía sobre mim, pois, além de comandar a equipe, tinha que colocar a mão na massa, fazer os arranjos, decorar capela e recepção e cuidar ainda de toda a logística do evento. Não foi fácil, mas foi recompensador.

Ao longo desses anos pude fazer várias amizades que carrego até hoje. Muito aprendizado com cada profissional que passou pela minha vida e que contribuiu para o meu crescimento profissional e pessoal.

Sinceramente, empreender nunca passou pela minha cabeça. Também, jamais tive apoio algum de quem mais eu esperava, mas a vida me surpreendeu: fui desafiada mais uma vez pelo universo, ser dona do meu próprio negócio.

Isso começou quando um amigo me pediu para fazer uma cesta de café da manhã para a sua mãe. Eu não tinha a menor noção do que colocar, os insumos que utilizaria e nem mesmo a embalagem que iria utilizar. Sempre via as cestas de café da manhã na internet, tudo embalado, com aquele laçarote pronto e não gostava daquilo, mas foi o que eu fiz nessa primeira cesta.

Depois que entreguei, pedi o feedback do meu amigo: "Está bom, porém não está no seu nível e com certeza pode melhorar". Essa frase pra mim foi um chacoalho! Mexeu bastante comigo. Foi a partir daí que resolvi estudar e pesquisar sobre o mercado. Busquei várias referências fora do Brasil, pois aqui não tinha nada que me inspirasse e se assemelhasse ao jeitinho que eu gostaria de fazer. Fui para o viés da Grazing Table, conceito australiano de comida espalhada, me aperfeiçoando a cada dia, receitas, montagens, embalagens...

Descobri um mercado em ascensão, com muito potencial e ainda pouco explorado. Percebi então que esse era o meu negócio, levar amor e carinho em forma de cestas para as pessoas naquele momento tão difícil que estávamos passando.

Quando criei a primeira cesta, não tinha logomarca nem Instagram para divulgar bem o meu trabalho, apenas meu perfil pessoal. Isso não foi impeditivo para seguir. Comecei a divulgar para a família, amigos e todos os profissionais da área de eventos através do WhatsApp.

Esse foi o pontapé inicial para a criação da Kath Cestas Gourmet, em maio de 2020, com apenas duas opções de cestas de café da manhã e uma embalagem!

A mente criativa dos eventos estava ainda mais aguçada. Comecei a desenhar e criar vários tipos de embalagens, mas até então apenas no papel, pois tive muita dificuldade para achar um profissional que, além de abraçar as minhas ideias, fosse competente para executar o trabalho totalmente artesanal.

Ah! Quase ia esquecendo! Um dia peguei um cestinho de tricô, onde guardava as minhas bijus, e levei para minha mãe, uma costureira de mão cheia. A ideia era transformar os cestinhos em tecido para colocar os pães. O aniversário da minha irmã estava próximo e eu queria presenteá-la de uma forma totalmente diferente, então pensei: "Por que não fazer a letra inicial do seu nome em forma de cesta para o café da manhã?". Tinha visto uma referência desse tipo fora do Brasil, porém em papelão. Desenhei no papel, pensando nos itens que colocaria na letra. Troquei uma ideia com um marceneiro, levei o desenho e pedi que ele replicasse com as medidas que queria na madeira. Foi assim que surgiu, em outubro de 2020, a queridinha da Kath Cestas Gourmet, nossas Grazing Letters! Nos tornamos pioneiros no Brasil nessas peças em madeira!

Foi uma inovação e o sucesso, total. Nessa época já tinha criado meu Instagram e fazia as divulgações por lá. Foi aí que tive mais uma grata surpresa: todos os profissionais que trabalhavam comigo me apoiaram, tantas mensagens de incentivo e carinho, o que me deu ainda mais força para continuar.

Logo em seguida veio mais uma data comemorativa e precisava criar algo exclusivo, pois era aniversário da minha mãe. Peguei como referência as caixas de chapéu de antigamente (dos anos 1960), convidei um profissional que trabalhou na empresa comigo e estava desempregado para o desafio de montar uma caixa redonda, em madeira, para acomodar os itens de café da manhã. Mais uma vez... sucesso!

Assim nasceu nossa parceria. Criamos, desenhamos e executamos juntos toda a marcenaria da minha empresa. Investi em maquinários e matéria-prima para produção das embalagens. A essa altura já tínhamos em nosso portfólio letras, caixas redondas e baús de palha — estes vindos de uma cooperativa de artesãos do interior de Pernambuco.

Trabalhei sozinha por nove meses, tendo ajuda do meu esposo apenas em algumas horas vagas ou nos finais de semana. Minha mãe e irmã foram minhas principais incentivadoras; sempre que precisava de ajuda, recorria a elas.

No começo de 2021, após ter sido desligado da empresa em que trabalhava como gerente comercial, meu esposo, Alexandre, com uma vivência comercial de mais de vinte e cinco anos, tentou recolocação no mercado, porém sem sucesso. Foi então que tomou a decisão mais acertada da vida, segundo ele mesmo: empreender comigo. Desde então, crescemos a cada dia.

Hoje somos referência no Brasil não só pelas cestas, com mais de 5.000 já entregues: começaram a nos pedir para ensinar o trabalho encantador que estávamos realizando. Foi daí que resolvemos criar um curso on-line, pois tudo estava girando em torno da internet. Em novembro de 2021, lançamos o curso "Personalizando Cestas com Kath", do básico ao avançado. Para esse lançamento foi ministrada uma aula de montagem de cesta ao vivo, que veio a se tornar nosso segundo curso em janeiro de 2022, "Sua Primeira Cesta", para quem quer iniciar no mundo das cestas de café da manhã.

Compartilhamos nosso conhecimento com mais de 500 alunas, ensinando-as a empreenderem da cozinha de casa, para ter uma renda extra ou ser sua renda principal, como aconteceu com várias de nossas alunas, não só no Brasil, mas também fora, como França, EUA, Portugal, Angola, Suíça e Canadá.

Vou confidenciar algo para vocês: nunca me vi como professora, podendo ensinar várias mulheres e incentivá-las a ter o seu próprio negócio. Isso é muito gratificante!

Hoje temos um catálogo bem vasto, com mais de 15 opções de cestas, personalizadas de acordo com a necessidade de cada cliente — diet, sem glúten, vegana —, além de fazermos vários eventos corporativos com empresas parceiras, que trabalhamos o ano todo.

Empreender é algo transformador e desafiador. Não é fácil, os desafios são diários. Porém, no meu caso, conseguimos unir o útil ao agradável, ou seja, trabalhamos em família, em casa e muito felizes, já com projeto de ampliação e criação de uma loja própria física, onde poderemos divulgar e dar ainda mais visibilidade ao nosso negócio.

Nossa missão na Kath Cestas Gourmet é: "Transformar o dia das pessoas com cestas personalizadas, proporcionando uma experiência única e encantadora".

Eu sou Katarina Mota, quarenta e um anos, nascida em Natal, RN; casada com Alexandre Ávila; tenho um filho de quatro patas, Bento; e moro em Recife há mais de quinze anos. Esta é a minha história de empreendedora. Que ela possa ser inspiradora para a sua!

Katarina Mota

Sou cesteira de profissão, transformo o dia das pessoas com cestas de café da manhã, tábuas de frios, mesas de brunch e kits corporativos. Desenvolvo todas as embalagens usadas aqui na @kathcestas, com uma marcenaria própria idealizo e confecciono as mais variadas embalagens; como destaque, nossas letras de madeira que vão recheadas de delícias. Em nossa empresa somos apenas eu e meu esposo, nos dedicando ao máximo para entregar a melhor experiência aos nossos clientes e alunas. Sim, alunas, pois temos dois, ou melhor, agora três cursos, que ajudam pessoas comuns, boleiras, confeiteiras e até mesmo cesteiras assim como eu a empreenderem nesse mundo encantador de cestas personalizadas. Estamos no mercado desde maio de 2020 e prosperando muito a cada mês.

Kátia Macedo

"Deixa a vida me levar, vida leva eu." É assim que vivem muitas mulheres, infelizmente. Talvez você seja uma delas, e nem percebe.

Ser mulher é fantástico, poucas conseguem enxergar dessa maneira. A sociedade nos cobra perfeição, profissional, esposa e até como mãe. Vou te contar, essa perfeição não existe! A verdade é que somos e fazemos parte de um mundo de pessoas imperfeitas. Não nos ensinaram a lidar com nosso corpo, emoções, conflitos interiores e frustrações pessoais.

Por isso muitas vezes a mulher não consegue enxergar suas potencialidades. Ela passou a vida inteira sendo cobrada por coisas que não existem. A verdade é que cada mulher é única, todas temos conflitos internos, medos, frustrações e está tudo bem! O que precisamos é saber lidar com cada situação, e isso só é possível com o autoconhecimento. Acredite, existem outras mulheres com as mesmas dúvidas e conflitos internos. Falar sobre elas, essa troca de experiência é importante para uma melhoria de vida.

Decida protagonizar, reconhecendo sua força, comemorando cada microrresultado, buscando ajuda, superando seus limites, reconhecendo seu valor.

O autoconhecimento é um processo lindo, que pode ser doloroso no início, porque você terá que lidar com suas crenças, irá confrontar e ressignificar suas "verdades absolutas", talvez até sinta por um tempo que você é uma "fraude" por conta das descobertas surpreendentes. Caima. Não te ensinaram a verdade de quem você realmente é, qual sua essência. Você é maravilhosa, forte e única.

Eu já fui uma mulher que acreditou em mentiras sobre quem eu era por muitos anos. Algumas delas eu já sabia de forma consciente e até tentava compartilhar, só que não era uma verdade no meu íntimo; o meu inconsciente tinha muito controle sobre mim, porque eu não sabia minha verdadeira identidade. Precisei entender sobre meu passado, eliminar crenças e bloqueios emocionais para que eu pudesse avançar no meu desenvolvimento pessoal e profissional.

A crença é a convicção profunda, processo mental em relação a pessoas ou coisas, mecanismos de defesa criados a partir de repetições ou de um forte impacto emocional.

Muitas de nós temos convicções infundadas, ilegíveis, falsas verdades que aprendemos na infância, fez sentido para nossos pais, entretanto, não serve pra nós. As gerações mudam e o mundo também; contudo, temos que acompanhar as mudanças.

Estimular o pensamento crítico ajuda a criança a crescer como uma pessoa livre e que não aja por impulso, sem aquele sentimento de se cobrar uma "perfeição", o que não existe — mas sim ela entender que aprende em todas as situações, com tudo e todos à sua volta.

Os primeiros anos de uma criança são os mais importantes em sua formação do "ser", período em que o cérebro absorve todos os aprendizados através do que ele presencia e sente. A autora Elaine Cavalleiro diz em seu livro *Do silêncio do lar ao silêncio escolar* que "uma criança pode reproduzir as atitudes dos pais exatamente como elas veem". A forma de ver e sentir é individual, portanto, não é o que é dito ou a intenção, mas sim como a criança absorve. É nos primeiros anos que a base irá moldar a saúde física e mental, o desempenho acadêmico e a forma como no futuro, já adulto, irá viver sua vida, aprendizados esses que são baseados em ensinamentos tencionais ou intencionais.

Quando paramos para analisar nosso comportamento, é possível identificar comportamentos que nossos pais tinham para conosco. Não há nada de errado se for algo que você aprecia e é atemporal. Agora, se apenas reproduz, é importante uma autoanálise.

Agora, sim, vou começar a contar a vocês o quanto uma vivência pode ter impacto profundo e negativo na vida de uma mulher por mais de três décadas, na verdade pode durar a vida inteira. O que vou contar durou mais de trinta e cinco anos na vida da Lia. Os seus primeiros dezessete anos de vida foram em um lar com violência doméstica. Cresceu trabalhando desde muito cedo, aos nove anos, às vezes na roça e outras cuidando da casa e de seus irmãos, para ajudar sua mãe.

Ela nunca foi de conversar muito com os pais, obedecia a tudo sem questionar; afinal, "criança não sabe de nada", ela tem que obedecer e pronto. Isso se refletia na escola e nos demais espaços sociais.

O tempo passou e cada situação vivida na infância se refletiu na vida adulta. Ela recuava diante de situações desafiadoras e pequenos conflitos, permaneceu na posição de vítima, medrosa, fraca e incapaz, uma menina que não poderia abrir a boca.

Lia acordava muitas noites com gritos e xingamentos direcionados à sua mãe, ou a ela e seus irmãos. Imagina a vida da Lia? Ela acabou desenvolvendo medo de falar em público, baixa autoestima, insegurança, necessidade de aprovação e procrastinação.

Ela perdeu oportunidades de trabalho por não conseguir passar por dinâmicas simples. Lia mal conseguia se apresentar, não conseguia expor suas ideias e pontos de vista em público. Muitas foram as humilhações, até mesmo nas rodas de amizades, se achava inferior. Se alguém tivesse uma opinião diferente da dela, imediatamente achava que o outro era mais inteligente. Quando alguém a criticava, tudo que fazia era engolir o choro ou sair para chorar escondido, do mesmo jeito que acontecia quando via a mãe apanhar. Quando recebia elogios por conta da sua inteligência, capacidade ou beleza, respondia educadamente com um "obrigada", seguido de um leve sorriso, às vezes até dizia coisas como "imagina, não sou tudo isso" ou "não foi nada, não", neutralizando assim sua capacidade de fazer algo bem feito.

No decorrer da sua caminhada, coisas naturais vinham acontecendo, como se casar e ter filhos, porém estamos falando da vida de Lia, e todos aqueles bloqueios a dominaram por anos, causando a reprodução automática na vida de seus filhos.

Cansada de ser "escada" para outras pessoas e não ter nenhuma formação acadêmica, Lia se matriculou na universidade no ano de 2013. Esse foi o início de uma transformação: foi nessa época que ela começou a sair da bolha e isso a forçou a interagir com pessoas de diferentes culturas, religiões, conhecimentos e realidades financeiras. Como dizia Nelson Mandela, "A educação é a arma mais poderosa que pode transformar o mundo". O virar de chave aconteceu enquanto ela fazia o TCC (Trabalho de Conclusão de Curso), desenvolvendo o tema que ela escolheu, ou melhor, ele a escolheu: "A construção da identidade da criança negra na educação básica". Mal imaginava que um trabalho de conclusão de curso faria um rebuliço no seu mundo e a levaria em direção à liberdade e ao seu propósito de vida. As dificuldades eram muitas, porém a vontade de se desenvolver era maior. Ela seguiu firme, sem ter finais de semana e feriados para descanso e diversão.

Durante essa reta final, seus piores pesadelos haviam virado realidade: por estar tendo uma crise financeira gigante, sem ajuda de nenhum colega de classe, passou por maiores perrengues ao errar e refazer seu trabalho diversas vezes.

Jamais desista daquilo que é importante pra você!

No dia da apresentação, Lia ficou muito nervosa, mas nessa caminhada difícil ela fez uma amizade muita abençoada com a Graciele Apolinário. Isso fez muita diferença, pois essa amiga a ajudou a finalizar os slides e a aconselhou afirmando que todo o conteúdo que ela precisava já estava dentro de si.

Ao subir no palanque, Lia estava quase pronta para fazer a apresentação que mudaria sua vida pra sempre. Ali ela deixou diversos bloqueios de lado, o de falar em público, por exemplo. Mas infelizmente cometeu uma leve falha, sua mente foi longe e ela vacilou. Antes de vir o desespero, seu colega de classe que estava no fundo do auditório gritou: "Vai, Lia! Arrebenta! Eu acredito em você!". Aquilo foi tão mágico pra ela que acabou levando a nota dez! Aquela apresentação foi fantástica! Após receber o resultado e ser aplaudida de pé, decidiu naquele momento que sua voz seria ouvida pelos quatro cantos da Terra, que iria enfrentar seus medos.

O resultado? Você já sabe: às vezes precisamos da motivação certa na hora certa, só que não devemos nos prender a isso, pois nem sempre vai ter alguém que a motive ou que a inspire na busca da realização dos seus sonhos. Os sonhos e objetivos são seus, siga firme, seja você sua própria inspiração!

A partir daquele dia, Lia foi buscando sua transformação e aos poucos foi vendo pequenos resultados acontecerem.

A mulher que tinha necessidade de aprovação hoje se sente bem e confortável ao lado de pessoas que são autoridades, de formação acadêmica elevada e conhecimentos superiores aos que ela tem. Pessoas são diferentes, tiveram ou têm oportunidades diferentes. Portanto, hoje, ela sabe que são conhecimentos diversos, e não pessoas melhores ou piores que as outras.

No decorrer da caminhada, Lia fez um curso de palestrante e encontrou seu propósito de vida. Sem medo de errar, ela tem investido seu tempo em ter mais e mais autoconhecimento e absorver novos conhecimentos para ajudar pessoas através de palestras e mentorias.

Hoje, ajuda pessoas a buscar o autoconhecimento, a entenderem sobre suas crenças, medos e bloqueios emocionais, o que é algo primordial para alcançarem o sucesso em qualquer área da vida.

Decida ser uma mulher e mãe protagonista.

A velha Lia havia sido deixada pra trás, uma nova Kátia havia surgido, mas seus atos passados ainda estavam enraizados em sua vida e na sua família. Observei que era minha obrigação mudar a minha família porque a mudança em nossas vidas começa de dentro pra fora.

Em uma conversa com meu filho mais velho, adolescente de dezesseis anos, tive uma grande realização e uma real demonstração de como nossos atos refletem naqueles que estão em nossa volta. Um dia ele me contou que tinha medo de falar em público, medo de não ser aprovado pelos colegas da escola, de falar errado, ser vítima de zombaria. Até que em uma determinada situação, de tanto me ouvir dizer que devemos protagonizar sobre nossas emoções, resolveu se levantar em meio à sala de aula e expor sua opinião. Isso sem a necessidade de aprovação, pois estava determinado a expor seu ponto de vista. Disse que naquele momento suava frio, tremia, mas estava determinado. Após o ocorrido, ficou orgulhoso de si e a partir dali decidiu ousar e, hoje, está como líder do grêmio, de trabalhos e projetos na escola.

Esse foi o momento em que entendi que, de fato, estou protagonizando enquanto mãe, já que o que ensino está sendo aprendido em minha casa, pelos meus filhos. Protagonizar sobre nossas emoções forma indivíduos independentes, colocando em prática o que mais admiram em nós.

Seja protagonista enquanto mulher, mãe, esposa, profissional. Domine, não seja dominada. Monitore-se, avaliando cada ponto que precisa de mudança e traga ela para seu dia a dia. Isso para obter perfeição? Não! Para adquirir autoconhecimento, ser realizada em todos os âmbitos, e acima de tudo encarar todas as dificuldades, medos, sem neura.

Esse foi um pouco da minha história. Gostaram? Me mande um direct ou e-mail contando sua experiência pra mim!

Kátia Macedo

Mineira, mãe do Matheus e do Kevin, esposa do Robson. Palestrante e mentora apaixonada pelo Protagonismo. Foi transformada!, Tornou-se protagonista após os trinta e cinco anos, quebrando crenças limitantes e bloqueios emocionais. Buscou o autoconhecimento, capacitou-se e hoje tem o prazer de atuar como palestrante e mentora, cujo propósito de vida é levar pessoas a transformarem seus resultados a partir do protagonismo, de modo a obterem melhores resultados em todas as áreas sociais.

Jaciara Marques

Nasci no Cabo de Santo Agostinho, filha de dois comerciantes locais. Minha mãe empreendeu em diversas áreas, vendeu roupas numa lojinha, vendeu laranja numa feira livre, teve uma lanchonete e por aí foi. Meu pai começou com uma venda, uma mercearia, foi motorista de ônibus, de Kombi e hoje é empreendedor no segmento de material de construção.

Eu, a filha do meio, tendo dois irmãos mais velhos e, depois, uma irmã mais nova, sempre observava aquele movimento todo — e, claro, ajudava na medida do possível. Confesso que naquele momento não passava pela minha cabeça empreender, eu era uma menina que gostava de estudar, ler e sonhava em ser professora; isso, ser professora.

Com o avançar da juventude, fiz meu segundo grau em conjunto com o magistério. Ainda estudando, consegui um estágio numa escola particular, meu sonho realizado: eu era professora de uma turma de Maternal II, com alunos que muito me ensinaram. Em conjunto com algumas amigas, que também cursavam magistério, resolvemos estudar pra fazer a prova da Escola Técnica Federal de Pernambuco. Depois de seis meses fomos aprovadas. Nesse período eu já tinha dois empregos: pela manhã, minha turma de Maternal II numa instituição particular; e à tarde, numa escola pública, pois havia passado no concurso da Prefeitura do Cabo e lecionava numa comunidade. Quando houve a aprovação no curso técnico, eu tive que fazer uma escolha, pois as aulas eram à tarde e, aí, optei em ficar apenas na instituição particular.

Iniciava-se assim a minha jornada na área de Segurança do Trabalho, paixão que nasceu logo nos primeiros períodos do curso. Essa foi uma das épocas mais felizes da minha vida. Amava o ambiente da escola, os amigos, o aprendizado e até mesmo as viagens entre o Cabo e o Recife, que eram longas, pois íamos de trem e ônibus — e às vezes com umas boas caronas, naquela época bem mais seguras do que hoje. Quando estava no 4º período do curso, entrei num processo seletivo de estágio para uma grande construtora e fui aprovada.

Comecei aí uma nova fase, tive que deixar a sala de aula. Confesso que foi uma decisão difícil, passar o dia todo no estágio, pois era uma obra portuária de grande porte e fui estudar à noite. Essa mudança profissional me trouxe um novo mundo, com novas responsabilidades, novos amigos de trabalho, novos amigos de curso e muito mais. Assim, iniciei a minha carreira atuando como Técnica de Segurança do Trabalho em diversos segmentos, até que, um dia, durante a seleção de uma vaga, recebi o convite para ir morar em Paulínia, cidade do interior de São Paulo. Confesso que não passava pela minha cabeça a possibilidade de morar em outro estado, mas o convite me pareceu interessante e a perspectiva de estudar e trilhar novos caminhos me tomou de empolgação.

Depois de quase dois meses de preparação, lá estava eu me mudando para Paulínia, indo morar num condomínio superaconchegante e começando novos desafios. Minha trajetória em São Paulo teve início num terminal químico. Depois, fui atuar numa empresa de transporte e logística e foi lá que aconteceu a grande virada na minha vida. Essa empresa de transporte e logística foi comprada e mudou de cidade, inviabilizando meu deslocamento diário, me fazendo dar o passo mais decisivo da minha vida: sair do mundo corporativo e empreender.

Comecei dando aulas. Fui compor a equipe de uma instituição de ensino profissional, no segmento de transporte. Em paralelo, fui fazer consultoria de gestão em uma empresa de transportes e logística e, assim, não parei mais. Numa dessas consultorias, um amigo me disse: você pode ser auditora, por que não se candidata a uma vaga num organismo de certificação? Aquela conversa me instigou e lá estava eu colocando meu currículo em diversos organismos. Na época eu já tinha os cursos de Auditor Internacional, que havia feito durante minha jornada profissional na transportadora, só não tinha pensado em atuar como auditora até ali. Depois de alguns meses, fui convidada a integrar o quadro de auditores de um organismo e, aí, minha jornada se renovou, passei a viajar o Brasil todo.

Digo sempre, o trabalho de um auditor é algo espetacular, você ganha para aprender novos processos, conhecer pessoas, você cresce profissionalmente. E assim dividi meu tempo, entre as consultorias e auditorias; então, já pertencendo a um organismo internacional, viajava o Brasil e o mundo.

Abro um parêntese aqui para relatar uma experiência fantástica: nesse período em que estive como auditora, além de conhecer todos os estados do Brasil e quase todos os países da América do Sul, tive a oportunidade de ir a Angola. Essa experiência me fez repensar um monte de coisas em minha vida, foi como se eu estivesse voltando no tempo, me reconheci demais naquelas pessoas, e senti uma vontade enorme de fazer algo, de devolver ao universo. Saí de lá decidida: estavam ali, naquelas pessoas, as minhas origens, o meu lugar de fala. Nessa viagem venci vários medos, um deles o de me dedicar exclusivamente à minha empresa, de correr atrás dos meus objetivos e ter uma dedicação exclusiva ao que eu realmente queria.

Voltei para Recife renovada, pedi afastamento de meu trabalho como auditora à certificadora, e pela primeira vez estruturei metas e objetivos para minha empresa. Estava ali mais um marco na minha história, essa reviravolta foi tão importante, que em paralelo a isso, fui estudar Direito, um sonho antigo que então eu me permitia viver.

Minha vida estava entrando numa nova fase, meus filhos crescendo... Hoje Luisa tem quatorze anos e João tem oito, naquela época duas crianças ainda pequenas, e meu marido, Alexandre Neres, teve um papel crucial em tudo isso, pois além de me apoiar com as crianças ainda mergulhou na empresa, me dando suporte total nas questões mais técnicas, voltadas para a área de atuação dele, a Engenharia Ambiental e de Segurança do Trabalho.

Chegamos então aonde estamos hoje, com os desafios que todos os empreendedores vivem. Nesse ponto, quero relatar algo muito simbólico que nos aconteceu, que foi a pandemia. Antes disso, todavia, é importante dizer que essa trajetória já tem quase quinze anos e vínhamos estruturando a empresa de forma bem sistematizada. Conseguimos inclusive obter uma certificação internacional de qualidade, a ISO 9001, e sempre investindo em novas ideias e tecnologia. No ano de 2017, conheci através de meu marido um colega que trabalha com tecnologia. Em conversas informais, entendemos que a empresa precisava dar um passo além, que seria a produção de conteúdos digitais. Estruturamos um planejamento específico e isso incluiu um canal de conteúdo, redes sociais, ambientes digitais. Meses depois, estávamos colocando no ar a nossa plataforma de cursos online, o que foi uma inovação em nosso segmento. Passamos a ter os cursos da área de saúde e segurança em formato digital, coisa que nem a legislação permitia ainda, mas já estávamos ali testando nosso modelo de negócio. Um marco nessa nova fase foi a disponibilidade de cursos que o mercado brasileiro não possui. Exemplo disso é que fomos a primeira empresa no Brasil a disponibilizar o curso da ISO 45001, uma norma internacional de Gestão de Saúde e Segurança Ocupacional em formato online.

E assim não paramos mais. Entendemos que a tecnologia fazia parte de nosso negócio e agora era só prosseguir. Com a chegada de novos parceiros de negócios, abrimos na consultoria um segmento específico de tecnologia, através do desenvolvimento de ambientes virtuais, para agilidade em processos de gestão. Foi aí que, em 2020, veio a pandemia. Mais precisamente em março daquele ano nós precisamos fechar nosso escritório, colocar os colaboradores em trabalho remoto e atender nossos clientes à distância. Tínhamos que nos adaptar muito rápido, pois nossos clientes não podiam parar, e aí nossas plataformas, nossa equipe já qualificada foi o grande diferencial, eles foram gigantes. Agradecer a eles ainda é muito pouco, pois só conseguimos sobreviver a tudo isso devido ao comprometimento e dedicação de todos eles. Vencemos esse desafio e saímos mais fortes, apesar de todas as perdas — e não foram poucas.

Aqui quero lembrar alguns clientes que se foram e nossa querida Adriana Pereira, nossa primeira instrutora, que nos deixou, durante esse período. Nada, nada que eu diga poderá expressar meu pesar por essas perdas, minha sabedoria é limitada, não consigo entender.

Como lições desse processo todo, quero aqui deixar alguns pontos que considero importantes nessa caminhada, como pessoa e empreendedora. O primeiro é: acredite nos seus sonhos — é muito importante entendermos onde estamos e para onde queremos ir, os caminhos são diversos, e precisamos ter foco; seja feliz — faça tudo com alegria e entusiasmo; reconheça suas origens — muitas foram as lutas para que você chegasse até aqui, então reverencie, agradeça; não existe receita pronta — faça seu próprio bolo, ouse no sabor, esse caminho é seu; faça as pessoas à sua volta felizes — energia é troca, você dá e recebe, e para receber algo bom, é preciso entregar algo melhor ainda; apaixone-se pela vida — momentos difíceis virão, pense no sol que há em você e em toda a energia que você pode ter, para fazer o que mais gosta; aprenda algo novo — busque coisas que te despertam a curiosidade e vá, um universo novo pode estar à sua frente.

Digo então obrigada, obrigada a todos e todas que estão em minha jornada, que possamos continuar dia a dia promovendo trocas, entendendo uns aos outros e colaborando uns com os outros.

Dedico este momento a Adriana Pereira, grande amiga, dona de um sorriso inesquecível, pessoa com que vivi bons anos trocando experiências profissionais, saberes da vida. Sua luz continua entre nós, e a saudade aumenta a cada dia. Seja feliz, minha amiga. E até um dia, se Deus quiser!

Jaciara Marques

Advogada OAB PE. Presidenta da Comissão de Direito de Meio Ambiente — Subseccional OAB Cabo de Santo Agostinho. CEO da Qualiseg Consult e Academia Qualiseg. Diretora Técnica da ReverseOn — Soluções Sustentáveis. Especialista em Compliance e Governança — PUC Minas. Pós-graduada em Engenharia de Segurança do Trabalho. Gestora Ambiental. Auditora Líder em Gestão Integrada — Qualidade, Saúde, Segurança do Trabalho, Meio Ambiente e Energia — projetos no Brasil, Angola, Chile e diversos outros países. Coordenadora do MBA Gestão Integrada — Católica Business School — Unicap. Presidenta da ONG Materialize Ideias. Integrante do Comitê Gestor do Programa Mulher no CREA PE. Dez anos de atuação como auditoria de 3ª parte em organismo de certificação. Vinte anos de atuação como consultora nas áreas de Qualidade, Saúde, Segurança do Trabalho e Meio Ambiente.

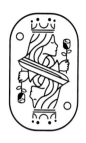

Ana Rita Pansani

Uma filha de Joaquim e Ana, que bem poderia ser uma Maria, mãe de Jesus, ou simplesmente Maria. Olhando bem para essa história; Ana que é avó de Jesus, Ana que também pode ser avó de Ana e mãe de Ephigenia; ara se pode!

A boa hora chegou pra você, Ana! Pega seu manto, seus panos, seu fogo, sua água ardente, seu pano pra morder de dor, sua tesoura, seu choro, sua dor, sua sina, sua "maldição" que a faz bendita entre as mulheres; sua boa hora chegou! Porque assim é que é, sua missão, seu tesão, sua paixão, sua missão. Ponto.

Que diferença faz se é o doutor, se é a parteira, pois ela faz a diferença neste mundo e momento, desbravando os desafios, rompendo a barreira do medo, do incerto, da vergonha, da falta, da solidão, do silêncio que seu grito quebra. Rompe a aurora e desabrocha uma vida nova cheia de desejos por abundância, beleza, realeza, sabedoria, boa sorte. Que seja um querer mais que bem querer; que se realize!

Que se farte do leite da vida, do deleite, do berço, da família que a acolhe em brandas palhas, em meio às penas, às painas, com o aroma da mata, no remanso; riacho que embala o leito calmo, rola na encosta e descansa no leito sereno de rumo (in)certo, sedento da boa travessia que desfrutará nesse paraíso de todas as possibilidades, até que galgue, ela também, assim como todas as suas fozes; para o fim que se veio, que em si não é fim; é um meio que se queira, talvez... que vem e vai, vem e vai. Entretanto, não faz diferença, se vai ou vem; ela faz a diferença!

Correu para nascer no penúltimo dia de 1924, pela pressa de aqui estar. O que se espera daquela morena jambo, cacheada, de olhos grandes e morteiros, capazes de captar tudo à sua volta, num voo raso e olhos de águia que tudo vê, escolhe e avança certeira? Não fala, não anda, mas movimenta tudo e todos à sua volta.

Caminhos a percorrer, rodas a rodar, trens a trilhar e a passar. Dela nada se sabe, apenas os desejos de Ana, o vagar de Ana, imaginar e esperar o que se espera que seja. Bela, perfeita, saudável, bondosa, forte, abençoada e tantos outros adjetivos. Que seja Ephigenia, filha de Ana; que faça a diferença! Fará, sendo feliz de verdade.

Felicidade, verdade; o que será que não se sabe, não se vê, mas sabe e vê ao mesmo tempo? Fé! E o tempo! Imponente, sincero, justo, ele diz que foi assim...

Naquele tempo, véspera de Ano Novo, tudo parecia ser novo ou igual, não fosse aquela água fervente (os panos, a parteira, a tesoura, a barriga, a dor). Estabelecida por Deus, a "condenação" que liberta e dá a vida é certa, como se sabe.

Sabe-se também que traz em sua bagagem de chegada uma longa jornada encantada e mágica chamada, hoje, de DNA espiritual, mental e físico. Aqui os destinos se encontram, se cruzam, se modelam, se definem mutuamente como empreendedores. E soltam, deixam ir para a vida, para a lida.

Ela faz a diferença pelo sublime amor, do dar e receber. Concedendo o mérito, passando o bastão; que ele seja o cetro da governança. Governança de si, do seu castelo dos sonhos, do seu castelo de pedras reais, que te levará à construção da grande obra divina, iniciada e inacabada, a construção de um mundo melhor para si e para todos.

De onde me virá o socorro?

Ela faz a diferença

De onde me virá o saber?

De onde me virá a força?

Você nem sabe que sabe, pensa que não sabe e arrisca dizer: segue fazendo. Sábio comando! Ela, a nova Eva. Frágil? Talvez.

A Eva doce, quando era ainda uma menina esperta e forte, imponente, determinada, brava que só! O espanto de todos, seguem constantes em suas aparições vivazes! De onde vêm tais saberes? Saberes que se expõem e se põem a mostrar com tanta habilidade, criatividade e uma dose de ousadia para diferenciá-la; e apimentar.

Assim vivia sua infância, nas rodas, nas cirandas, nas lidas, nos varais, nos trilhos, nos trens, nos sonhos. A filha de Joaquim e Ana, que bem poderia ser uma Maria, trazer um "Jesus", mas que bem era uma Ephigenia, com ph e um DNA moreno, que trazia impresso a linhagem indígena e portuguesa, com certeza, inegáveis em sua aparência, seu viver, em seu buscar um grande querer; em ser o que se quer ser e o que se é.

Destaca-se por sua força de vontade e de realizar, com tanta habilidade que lhe é peculiar e diferenciada. Pelo seu molde, poderia ter nascido vinte anos à frente. Fora dos padrões, fazia a diferença por onde pisavam seus firmes e apressados passos, em busca dos anseios de sua alma inquieta, feliz, artística, criativa, apoiadora, facilitadora.

Empreendedora, recebeu seu primeiro e único diploma do 4º ano primário e já era uma mocinha que amava jogar basquete, cujas regras soube melhorar com as informações de um caixeiro viajante transeunte naquele quase vilarejo mineiro onde nascera — Itamogi, hoje com 10 mil habitantes em todo o município.

Foi então que a escola em que havia estudado precisou da sua força para fazer a diferença na vida das crianças ali depositadas, desta vez, sendo a professora que faltava. Vidas ávidas pelo saber, que imaginavam estar escondidos dentro daquele muro de barro e pedra. Qual modelo modelar? Tinha muitos e bons! Disse sim na incerteza. Disse sim na impossibilidade. Disse sim com medo de errar. Disse sim e foi assim mesmo. Foi ser a professorinha linda, alegre, entusiasmada para fazer o que sabe, mas descobrindo um jeito novo de trilhar aqueles mesmos caminhos antes caminhados. E assim foi fortalecendo a cada dia sua autoconfiança e conquistando os coraçõezinhos ali aportados.

Na sua tenra adolescência, quase juventude, ainda gostava de "brincar" de boneca, já que sua bonequinha de verdade tardaria um pouco mais para chegar. Foi então empreender naquele tema, que haveria de resgatar a criança feliz, tão cedo perdida e esquecida, por força de circunstâncias alheias; da vida, da lida, da trilha, dos trilhos que aquela ferrovia lhe impunha.

Festa das bonecas. Essencial, motivacional!

Esse pretexto treinaria suas habilidades e competências criativas e inovadoras dos muitos modelinhos criados, costurados. Panos, sedas, tafetás, leses, organza e linhos afora. Chapéus, babados, saiotes em modelos dignos de uma Burda e que fariam inveja aos bem remunerados estilistas de então! Dessa investidura em bonecas para a de uma costureira estilista adulta e de verdade foi um pulo!

DNA... o que fazer com ele, por ele e para ele? Seguir.

Seguir é visceral, é ôntico, inevitável labor fadado a ela que faz a diferença, por onde passa, onde pisa; com sua singela fragilidade aparente que, se necessário for, faz-se em fúria para proteger e zelar. Docilidade de um manso regato, instigado pelo fogo.

Ela, guerreira, é a munição, é a motivação do guerreiro — que o mantém vivo, que abranda sua alma, acalma seu coração, mostra-lhe a direção, certeira como uma bússola para suas questões, seu porto seguro naqueles seios que o encantam, que o acolhem, que o saciam e saciarão sua prole. Esses mesmos que definem sua opulência exuberante, de igual importância.

Ela decide então se abrir para a vida com o seu escolhido, seu amado, seu príncipe italianinho de grandes olhos azuis e imponente topete. Arrebatadora paixão, consciente querer, sonho realizado dos muitos até então sonhados, na ânsia do sim ou do talvez que por vez os cercam; duvidosos devaneios.

Ela faz a diferença

As regras da sociedade formal, das crendices que se dizem de valor e rígidas que são, tentam em vão impedi-los, devido às diferenças, as promessas pretensiosamente interesseiras. Contudo, o amor, esse sim, avassalador, forte destemido, como é de sua própria natureza, essência e existencial, vence, vencedor que é!

Sem barreiras, sem crenças, totalmente desprovido e ávido do novo querer, mais que bem querer, segue em frente, por ser criador, necessita ser vivido, necessita ser vida que segue. Obedientes ao Criador Supremo de todas as coisas, aceitam a sublime e nobre missão de abrir o berço, que acolherá um filho de Deus. Como será?

Não virá com manual, mas virá sim com um código secreto, revelado em doses homeopáticas aos corações que o acolhem. Esses sabiamente o interpretam no percurso, desvendando no processo que segue a mágica ali contida. Tanto e tão pouco se sabe dessa ciência divina revelada apenas e tão somente àqueles que a aceitam, e para aquele único, cada qual o seu.

Impossível definir, em qualquer dialeto ou língua, aqueles vultosos sentimentos que borbulham nas incontáveis veias e vasos, pulsando numa frequência desconhecida, enigmática, intensa, indescritível a olhos nus. Apenas os olhos da alma as decifram, apenas à alma é revelada; sem palavras.

Em meio à densa massa corpórea está um estado de ser divino, vibrando em altas frequências de poder incontestável, que se distingue e se mistura ao mesmo tempo, que lhe põe consciente e lhe teletransporta, tudo ao mesmo tempo!

Extraordinário poder daquele pequeno ser não presente, mas que sutilmente a tudo e a todos comanda, sem mandar, sem se impor, mas se pondo! Primogênito que é, traz consigo as borlas do fio da vida, honrando o tecido ancestral, minuciosamente elaborado, fio a fio, transcendendo espaço e tempo, as dimensões infinitesimais.

Quanta sabedoria! Insondável! Rapazinho, eis que surge!

Literalmente de cabeça para baixo e o tenro cordão circundando-lhe várias vezes o pescoço, impedindo-o de se apresentar. Momento de luz e escuridão ao mesmo tempo; esperança e medo, apenas a fé sobrevive. Nas mãos de Deus, da parteira, do doutor, da decisão: uma cesariana forçada, rápida e o príncipe vem para a luz deste mundo acolhedor, amoroso, acalentado pelo calor de seu berço, seu peito, seu choro, seu riso, sua gratidão, seu coração.

Uma vez mais ela faz a diferença quando se abstém de seus sonhos, seus desejos, seus projetos. Abstém-se de seu descanso, seu sono, sua fome, seu leito, sua beleza, de seus medos, do seu bem. Dedica-se, incansável, àquele berço indefeso, despretensioso, mas que a faz mover as suas milhões de células para a vida. Debruçam-se noites adentro, dias a fio sobre a guarda, a sentinela incansável. Juntamente com o anjo de guarda, vela pelo filho que é dela, mas não o é; veio dela, mas não para ela, e sim para ela cuidar.

Nobre fêmea, a sua identidade jamais será a mesma e única. Agora se identifica não mais como indivíduo, pois a maternidade lhe é um novo documento de registro, afirmo, não mais um indivíduo, este tem um carimbo, que o identifica: MÃE — essa chancela tira-lhe, docemente, a individualidade.

Que diferença ela faz quando, obediente, aceita a promessa divina; "... com as dores do parto virá a sua alegria"; verás o amor, serás divina, serás deus, verás a Deus!

Vivência e experiência únicas! Ser mãe é empreender pelo amor!

Quantas perguntas e muitas delas sem respostas, quanto palpitar acelerado dos sobressaltos daqueles dias, meses encantados que se tornarão anos, únicos, de grandeza imensurável. Que faz a vida valer a pena, faz valer as abstenções. "Abelha fazendo o mel vale o tempo que não voou."

Nobre missão, que merece a vida, a que vim viver. Que me justificam as ausências e as presenças.

O tempo, a paciência, a resiliência, o tempo...

Ela faz a diferença

A rainha; ela faz a diferença, sobrepujando o histórico da promessa, deseja enfrentar mais uma vez os desafios a fio para tornar-se divina senhora outra vez, talvez outra, outra e outra mais!

Os medos, as incertezas, os governos, o mundo, a guerra, as maldades, nada faz sentido quando o sentido da vida é a própria vida, a nova vida que se abre, que se rompe, quer chegar e pôr-se ali.

Naquele tempo apenas valia a torcida, a expectativa de que chegasse bem, saudável, feliz e mais todas as prerrogativas que pretende ser.

A torcida valeu! A princesinha chegou! Chegou quebrando os paradigmas, nasceu pequenina, com muito esforço e de formato natural, pelas parteiras e o doutor. Toda italianinha, honrando o padrão do pai, ela chegou à luz!

Ela faz a diferença no mundo e em nossas vidas, escreverá uma nova história por onde passar. A sua história!

E essa história será um novo capítulo... no livro da vida!

Ana Rita Pansani

Empreendedora desde a infância, mesmo sem essa consciência. Alegre, criativa, amorosa, espiritualista, comprometida, artística e artista na Like produtora. Artista marcial faixa preta no kung-fu, motociclista dinâmica, coautora em livros, palestrante com a Cooperativa Conexão Novo Mundo; treinadora e mentora. Mãe amorosa e envolvida com a família.

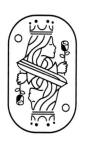

Patricia Rangel

A verdade é que precisamos ter a certeza de que nossos valores e propósito devem ser muito claros, para que nossos sonhos não sejam deixados de lado.

(Patricia Rangel)

Quando eu era criança minha mãe me disse que tatuagem não era coisa de gente do bem e confesso que, por isso, até tinha um certo medo de quem estampava desenhos pelo corpo. Mas a vida me ensinou que algumas crenças podem limitar o nosso crescimento e até nos impedir de conhecer pessoas e lugares incríveis. Enquanto escrevo este capítulo, admiro uma das minhas tatuagens estampadas no meu braço, penso nas borboletas que minha mãe tatuou recentemente em suas costas e agradeço a Deus por sermos mulheres corajosas e dispostas a viver de maneira diferente sempre que desejarmos.

Sabe por que fazemos a diferença? Porque acreditamos em nossos sonhos e nunca desistimos. Esse é o caminho da transformação. Aquela lagarta feiosa que se arrasta pelas paredes sabe que um dia pode se transformar em uma linda borboleta, voando nos mais belos campos de flores, e por isso nunca desiste de tentar novos caminhos.

Desistir é uma palavra que não existe no dicionário de mulheres que fazem a diferença neste mundo. Não importa de que berço você vem, se é de palha ou de ouro, é preciso assumir as rédeas da sua vida e acreditar nos seus sonhos e no seu potencial. Assim aconteceu comigo.

Nasci no subúrbio do Rio de Janeiro, em um bairro chamado Ricardo de Albuquerque. Embora fosse um bairro simples, meus pais sempre me proporcionaram o melhor. Tínhamos casa própria, carros, estudei nas melhores escolas, fazia curso de idiomas e academia de dança. No Natal eu montava a minha lista de presentes e entregava ao Papai Noel, que ano após ano atendia a todos os meus pedidos. Tínhamos até uma casa de praia para passar finais de semana e férias. Me arrisco a dizer que eu levava uma vida de princesa, para a realidade do que eu considerava luxo.

Estudei na Universidade Federal do Rio de Janeiro e foi lá que tive contato pela primeira vez com moradores da Zona Sul do RJ e de outros bairros mais nobres e distantes. As pessoas não tinham noção de onde era o meu bairro. Foi quando percebi que nesta vida precisamos ter clareza dos nossos valores. Certa vez conheci um rapaz que zombou de mim, perguntando quanto tempo eu levava para chegar à faculdade e se dava tempo de dormir. Outro perguntou se eu não tinha vergonha de andar no chevette "velho" do meu pai. Foi tão estranho viver situações assim, que me fez refletir sobre a importância de reconhecermos as nossas origens, sem preocupação de agradar aos outros ou viver uma vida de mentira e aparências.

Foi daí em diante que eu percebi também que para fazer a diferença no mundo eu teria um pouco mais de trabalho, pois antes de qualquer coisa eu precisaria provar o meu valor, já que algumas pessoas poderiam me rotular pelo meu CEP ou pelos bens que eu não possuía.

Fui trabalhar em uma multinacional e lá enfrentei um novo desafio. Como escolhi a área de segurança do trabalho, que é predominantemente masculina, eu trabalhava com muitos homens. Por mim, zero problema, afinal a faculdade não tinha sido muito diferente disso.

A questão é que passei a perceber que existia um preconceito natural pelo fato de ser uma jovem mulher. Se dois homens viajavam juntos a trabalho, nenhum comentário era feito. Mas bastava eu viajar com algum colega de trabalho para algumas piadas serem lançadas nas rodas de conversa no cafezinho. Era muito inconveniente aquilo. E percebi, mais uma vez, que esse também seria um ponto de provação.

Foi nesse momento da minha vida que percebi que a trajetória para as mulheres, especialmente as que querem deixar sua marca no mundo, não é fácil. O preconceito existe até mesmo entre mulheres. A forma como você se veste, fala, se posiciona nas rodas, "dança" nas festas de confraternização da empresa, as pessoas com quem você almoça e até os comentários que você faz... Tudo vira rótulo. E tudo pesa no seu posicionamento profissional. Não é à toa que cargos e salários são diferentes entre homens e mulheres até os dias atuais, infelizmente.

Apesar dessas diferenças e cuidados adicionais, minha vida seguia em uma exponencial de conquistas. Estudei muito e colhi muitos frutos dessa minha dedicação contínua. Viajei muito a trabalho e passei a fazer vista grossa para os comentários maldosos que me perseguiam. Aquilo não me representava e só seria um desgaste emocional gastar energia para me defender. Foi do tipo "falem mal, mas falem de mim!". Mas a grande verdade é que incomodava, sim!

Nessa empresa passei por um processo de assédio e fui perseguida por um colaborador terceirizado. Foi aterrorizante. Onde eu ia o homem estava, sempre me olhando no fundo dos olhos. Tive tanto medo de que algo acontecesse comigo que decidi fazer uma denúncia na ouvidoria da empresa. A situação já não era simples e ainda teve um complicador: ser questionada sobre a veracidade dos fatos e se eu não estaria "exagerando". No final o homem foi desligado, mas ainda ouvi piadas de que tirei o emprego de uma pessoa por não ser corajosa o suficiente para encarar os meus problemas de frente.

"Como assim?", eu me perguntava. Aquelas piadas me perseguiram por algum tempo. Até que eu percebi que para fazer a diferença neste mundo eu teria que ser corajosa, sim. Ter coragem de encarar pessoas de frente, de emitir minha opinião sempre que julgasse pertinente e, acima de tudo, ter coragem de relatar problemas mais sérios. A essa altura eu era uma mulher jovem, solteira, decidida e me sentindo corajosa.

Percebi que aquela empresa dos meus sonhos não era um conto de fadas e que eu precisava seguir novos caminhos. Assim o fiz. Fui ser coordenadora em uma empresa nacional, liderando mais de 15 homens, a sua maioria solteiros. Mais um desafio que eu teria que vivenciar para aprender sobre a importância do meu posicionamento. Para complicar um pouco mais, alguns dos meus liderados eram bem mais velhos do que eu e foi quando vivenciei pela primeira vez a insubordinação. E o que me deixava chateada é que a causa era apenas um somatório da minha idade com o meu gênero. Por que uma mulher mais jovem não poderia ser capaz de liderar aquele time? Mais uma vez precisei provar a minha competência e o meu valor.

A essa altura você deve estar se perguntando: "Até quando?". Mas infelizmente é exatamente assim que acontece. Temos que viver provando e justificando os nossos atos pelo fato de sermos mulheres. Depois que você aprende essa lógica, tudo parece ficar mais fácil. Porque você já inicia os desafios mostrando a que veio e deixando claros os seus valores, antes mesmo que alguém precise te perguntar. Isso é demonstrar coragem e nunca desistir dos seus sonhos!

Quando comecei a trabalhar nessa empresa fiquei noiva e alguns anos depois fiquei grávida e me casei. Sim, nessa ordem mesmo. Eu me casei grávida. Dessa vez o preconceito veio de outros lugares. A mãe do meu noivo, por exemplo, chegou a me perguntar se era golpe do baú, sendo que eles tinham uma condição financeira pior que a minha. Acredito que a frase era tão típica em São João de Meriti, onde eles moravam, que ela nem sequer se deu conta do que estava perguntando. Só pode! Fato é que algumas pessoas julgaram, sim. E por mais que minhas contas fossem pagas por mim e eu não devesse satisfação a ninguém, mais uma vez um tema desnecessário em pauta na minha vida.

Mas o pior ainda estava por vir. Profissionalmente eu estava em um ponto alto da minha carreira e estruturando uma gerência, que seria assumida por mim. Porém, por ter ficado grávida, durante a minha licença-maternidade a diretoria da empresa preferiu contratar um homem do mercado, o que iria gerar menos "riscos" ao setor. E, pasmem, eu perdi a gerência que eu mesma desenhei, pois agora eu precisaria dedicar tempo e atenção ao meu filho recém-nascido.

Será que é algo que só aconteceu comigo ou você já viu esse filme em algum lugar? Infelizmente dados comprovam que mais da metade das mulheres perdem o emprego após a gravidez. No meu caso eu não perdi o emprego, mas me arrancaram a motivação e o brilho nos olhos. Eu amava o que eu fazia, tinha conquistado a minha equipe e, de repente, me vi obrigada a redesenhar os meus planos, pois as metas que eu havia desenhado foram de repente apagadas.

Isso sem falar da pressão que sofremos durante a maternidade. A forma como você se alimenta, a maneira que você amamenta (se é pouco ou muito), se leva ou não o seu filho na rua, se pode ou não pode dormir no seu quarto. Enfim, as descobertas de uma mãe de primeira viagem são muitas e a pressão maior ainda. É preciso muita coragem e determinação para fazer da sua casa suas regras, sem "ofender" quem está por perto dando pitacos e palpites. O apoio dos homens é limitadíssimo, até mesmo pela licença-paternidade, que na minha época era de apenas cinco dias. Eu diria que é o tempo suficiente para registrar a criança... e só!

Apesar de toda essa fase esquisita de descobertas inimagináveis, ser mãe é algo transformador. Desde o primeiro batimento cardíaco que escutei e a primeira imagem na ultrassonografia, onde pude ver aquele serzinho dentro de mim, simplesmente fui transformada. Sim. Isso é algo que temos o privilégio de viver e que os homens não podem tirar de nós! E o que eles vivem, mesmo com a maior dedicação, é periférico e coadjuvante no processo da gestação. Porque só a mãe sente cada movimento, cada pulsação; a conexão que se cria entre o bebê e a mãe é algo imensurável e, até que enfim, exclusivo das mulheres! Ponto para nós! Desse momento em diante eu me descobri guerreira, capaz de tudo para defender minha cria.

Com o retorno regular ao trabalho, surgem novas situações que para a mulher são desafiadoras e, infelizmente, mais uma vez somos julgadas: viagens a trabalho. Ficar longe dos filhos é realmente muito difícil, mas, se faz parte da sua demanda de trabalho, não há o que ser feito. É preciso garantir uma boa rede de apoio para que sua rotina possa seguir. No meu caso, meus pais ficavam com os meus filhos para que eu pudesse seguir minha vida profissional. Mas diversas vezes fui questionada se eu achava correto abandonar meus filhos e seguir minha vida profissional. O que eu não aceitava é que se um homem viaja a trabalho e fica um mês fora, tudo bem, pois ele é o "provedor". Mas se a mulher passa uma semana fora é bombardeada de questionamentos e são lançadas muitas crenças!

A verdade é que precisamos ter a certeza de que nossos valores e propósito devem ser muito claros, para que nossos sonhos não sejam deixados de lado. Com essa clareza, segui minha carreira, mas deixei de viver momentos únicos. Eu não vi o meu filho dar os seus primeiros passos e não ouvi quando ele falou "vovó" pela primeira vez. É claro que passa um filme na cabeça, que nos faz questionar muitas coisas. Passei a entender a importância da qualidade do tempo, e não da quantidade. E adotei a tecnologia como grande aliada para não perder momentos importantes. Vira e mexe eu me questionava se deveria abandonar os meus sonhos. Mas daí me lembrava dos meus valores e propósito e seguia adiante.

Falando assim parece que eram decisões fáceis, mas não é verdade. Foram muitas lágrimas e noites em claro para não desistir pelo meio do caminho. Afinal, desistir não é uma palavra do dicionário de mulheres que querem fazer a diferença no mundo.

Nesse momento eu tinha decidido empreender, tinha uma empresa de tecnologia e, por ser responsável técnica e comercial das soluções que criei, a rotina de viagens era bem intensa. Meus pais e meus tios foram fundamentais nesse processo, pois me davam todo o apoio necessário para que meu filho pudesse estar bem assistido. Meu filho cresceu e passou a pedir um irmãozinho e, como eu queria muito ter dois filhos, pedido aceito. Veio então a segunda gestação. Os mesmos medos e desafios, porém de maneira reduzida, pois agora eu era uma mulher "experiente" nesse tema. Para minha grande surpresa e aprendizado, uma gravidez foi totalmente diferente da outra. Então novamente um turbilhão de emoções e lições de vida.

O grande desafio foi ter que trabalhar logo após um mês de licença, pois agora eu não teria licença-maternidade de quatro meses, pois havia saído da CLT há algum tempo e era uma empreendedora de sucesso, que não poderia simplesmente abandonar sua própria empresa. Foi quando vivi na pele a sensação de empreender e ser mãe. A responsabilidade parece ser triplicada e precisamos ter muito jogo de cintura para dar conta de todas as nossas atividades. Mas somos mulheres e guerreiras, lembram? Damos conta! Sempre damos. Às vezes a gente chora, nos trancamos no banheiro para descansar, mas no final dá sempre certo.

Desde cedo me diziam que as respostas vêm da dor, mas eu não conseguia acreditar nesse ensinamento, pois a minha vida era uma sequência de alegrias e conquistas. Tive dores, claro, mas nenhuma que me ressignificasse ou que transformasse a minha história.

Em 2017 foi o primeiro marco da minha grande transformação. Participei de uma missa do Padre Marcelo Rossi, no Santuário Mãe de Deus, em São Paulo, onde ele perguntou durante a homilia *"Qual é o seu propósito na Terra? Por que Deus te mandou aqui?"*.

Eu passei semanas refletindo sobre essas perguntas, sem encontrar as respostas. Fiz uma análise detalhada de toda a minha vida, tentando encontrar semelhanças em comportamentos ou ações. Comecei a fazer terapia em busca desse autoconhecimento e consegui ter muita clareza sobre essas e outras questões. Apesar de tantas conquistas, eu não me considerava feliz.

Identifiquei que eu carregava culpas, muitas vezes impostas pela sociedade, que passaram a ser crenças que limitavam a minha felicidade. Eu me culpava por ter errado a profissão, por ter casado grávida, por não ter visto meu primogênito dar os seus primeiros passos, por não ter sido capaz de amamentar livre e exclusivamente com leite materno os meus filhos, por ter perdido um cargo gerencial em função de uma licença--maternidade, por não ter proximidade com meus primos, por não ter viajado para fora do Brasil com a minha mãe e por não ter participado de todos os aniversários dos meus pais. Além disso eu me sentia impotente por ter sido assaltada diversas vezes e até ter sido sequestrada. Eu tinha um trauma não curado, que era julgado como frescura, tolice e fraqueza.

E foi nesse processo de busca pela minha felicidade que TUDO mudou. Me divorciei, mudei de emprego, mudei de casa, mudei de cidade, recomecei. E novamente me vi passando por situações de machismo. Como eu havia vendido parte da minha empresa para um grupo investidor, no momento do divórcio me vi tendo que discutir temas da minha vida pessoal em mesas de reunião. Isso não poderia estar acontecendo. E tive que dar um basta! O meu lado profissional não seria discutido com sócios em salas de reunião.

Mas daí algo muito ruim aconteceu. Havia uma cláusula específica sobre divórcio que fazia com que deixássemos de ser os sócios majoritários da empresa. Aos poucos a empresa foi deixando de existir e o brilho que eu tinha nos olhos e o pulsar forte do meu coração foram perdendo forças. Primeiro o meu ex-marido saiu da sociedade e por fim eu também, pois já não fazia sentido aquele negócio sem o mesmo brilho dos olhos. Mas uma coisa ficou muito clara. Eu tinha oito sócios homens e era a única mulher. Ninguém aceitou o meu divórcio e "tomaram partido" da figura masculina, permitindo que isso influenciasse nos resultados e decisões da empresa. Foi uma situação muito decepcionante aos olhos de qualquer mulher que só queria recomeçar.

E o que eu pensava que seria apenas um processo simples de reconstrução, se tornou o pior pesadelo da minha vida. Passei a entender aquela máxima que diz *"você só conhecerá o seu marido no momento do divórcio"*. Tudo o que vivemos de bom ao longo dos nossos quatorze anos juntos foi por água abaixo no primeiro documento formalizado por ele e sua advogada no fórum. Eram acusações infundadas e inacreditáveis. Mentiras e hipocrisias. Eu sentia que estava me divorciando de outra pessoa, de sua advogada talvez.

O pior ainda estava por vir.

Em 2019 me mudei para o interior de São Paulo, por uma oportunidade profissional que se demonstrava muito relevante. Naquele momento veio a pior das ameaças: *"vou tirar as crianças de você!"*. E, pasmem, eu perdi a guarda dos meus filhos! As alegações eram insustentáveis. Eu entrei em um processo de queda profunda, fui ao fundo do poço. Era inacreditável o que estava acontecendo. Nesse momento eu não conseguia me manter à frente das minhas atitudes. Meu protagonismo ficou abaixo de zero, em um longo processo de dor e sofrimento. Mesmo em um quadro de depressão, eu fazia exatamente o que havia sido determinado pelo juiz: pagava pensão alimentícia e visitava meus filhos quinzenalmente no Rio de Janeiro. Não faltei um final de semana sequer. Era a oportunidade de renovar minhas energias. E de voltar para casa e passar duas semanas sem forças, chorando e engordando.

Foi quando me lembrei que as respostas vêm da dor. E agora, sim, eu sabia o significado dessa frase. Passei a buscar a solução em cada lágrima e tentei não focar o sofrimento. Meus filhos tinham saúde, casa, alimentos e os pais brigando por eles. Amor, sem dúvida, não lhes faltava. Justo ou não, morrer de tristeza não os ajudaria nessa difícil etapa. Percebi que para eles o mais importante era ver que a mãe estava bem, pois eles se preocupavam comigo. Entreguei o processo nas mãos de Deus e retomei as rédeas da minha vida.

Eu precisava viver algo novo. Corri atrás de um sonho antigo, de cursar um mestrado em educação. Estudei muito. Sempre que ficava triste, pegava um livro para transformar minhas lágrimas em aprendizado. Fiz mestrado, pós-graduação em neurociências, pós em psicologia positiva e coach. Mergulhei nos bastidores Disney. Estudei sobre propósito e descobri que nasci para brilhar. E mais do que isso, para iluminar e transformar a vida das pessoas.

Quando eu passei a aceitar essa parte difícil da minha história, como um grande processo de cura, as respostas vieram no tempo de Deus. Uma por vez. Decidi ser palestrante e compartilhar a minha história de dor e superação com outras mulheres. Daí nasceu um processo natural de coach e mentoria. Criei um método próprio de autoavaliação com foco na realização de sonhos, baseado em Domínio, Resultado, Atendimento, Protagonismo, Atitude e Transformação.

Surgiram também os empreendedores, tanto homens quanto mulheres, desejando entender como transformar uma startup em objeto de desejo de grandes clientes e investidores. Daí nasceu o método MAGIA. COM de empreendedorismo, com o passo a passo para ter um negócio de sucesso, com o encantamento de gestão e liderança Disney.

Comecei a entender que não era sobre mim, mas sobre as pessoas que me ouviam e se conectavam com a minha história de transformação. Hoje sou fonte de inspiração por onde passo. Transformo vidas e histórias. Ajudo as pessoas a resgatar os seus sonhos mais profundos e acreditar no seu potencial, seja para resultados pessoais ou profissionais. Estimulo a ressignificação de crenças limitantes e oriento cada pessoa a encontrar um mentor nessa busca do propósito. Tenho também os meus próprios mentores, aqueles que me fazem refletir sobre temas antes não pensados.

Saio de casa todos os dias determinada a transformar a vida de ao menos uma pessoa. Isso me faz praticar a escuta ativa e dar voz a desconhecidos, seja na fila do supermercado, em uma viagem por aplicativo ou mesmo nos encontros com familiares. Comecei a perceber a transformação nos olhos das pessoas que me assistem, com lágrimas e entregas verdadeiras.

Hoje meus filhos moram comigo, por vontade própria. O que é muito mais verdadeiro do que qualquer imposição processual. Aprendi, da maneira mais difícil, que *"criamos filhos para o mundo"*, mas eles sabem que no meu coração há uma cadeira cativa para cada um deles, com plumas e paetês, sempre pronta para lhes dar amor e motivação. A tatuagem que eu estava olhando no início deste capítulo é um símbolo do infinito com o nome deles, dois pássaros voando e o meu coração no centro, pois decidi registrar na minha pele essa representação de que eles podem conquistar o mundo e voltar para o meu coração sempre que desejarem.

Aprendi que a vida é tresloucada e que essa palavra, que um dia foi utilizada para me ofender, deve ser motivo de orgulho para toda MULHER, MÃE, EMPREENDEDORA, GUERREIRA, BATALHADORA E SONHADORA. O meu desejo neste capítulo é que todos nós sejamos TRESLOUCADOS nesta vida, para que possamos deixar um legado e uma mensagem memorável por onde passarmos.

O meu desejo é que você conclua este capítulo com a certeza de que Walter Elias Disney estava certíssimo ao dizer há tanto tempo que "se você pode sonhar, você pode realizar!". Faça a diferença por onde passar e deixe um legado para as próximas gerações. Não importa se você tem dez, trinta, sessenta ou noventa anos, ainda há uma vida incrível te esperando e muitas pessoas precisam conhecer a sua história para serem transformadas. Mesmo que essa história tenha começado a ser escrita nas linhas em branco deste capítulo.

Eu espero ter gerado em você uma inquietação que faça com que você perca o sono nas próximas semanas pensando em legado, passado, futuro, atitude e tantas coisas que citei aqui nestas páginas. E se este capítulo contribuiu com o seu momento e pode transformar a sua história, me envie uma mensagem contando como este capítulo impactou a sua vida. Lembra que eu tenho a meta de transformar uma vida por dia? Não guarde isso para você, deixe o mundo participar deste seu momento contigo. E não me deixe de fora, claro!

Patricia Rangel

É especialista em autoliderança, educadora corporativa, palestrante internacional e mentora de empreendedores. Engenheira de produção, mestre em educação, especializou-se em educação corporativa, neurociências, segurança do trabalho, psicologia positiva e coaching, além de vários cursos de extensão nacionais e internacionais sobre empreendedorismo, inovação, gestão, liderança, Mindset Disney, negociação, argumentação e qualidade no atendimento. Com mais de vinte anos de experiência, é a criadora do Método Magia.com de empreendedorismo, fundamentado em seu case de sucesso de transformação da sua startup em objeto de desejo de grandes clientes e investidores. Após transformar mais de 200 mil alunos e 500 mil eleitores em suas soluções, vendeu a empresa em uma negociação avaliada em mais de R$ 5 milhões. É também criadora do Método DRA.PAT de alta performance profissional, que estimula a atitude empreendedora em profissionais de todo o mundo.

Fernanda Netto

Era madrugada de quinta-feira em Beagá quando a única menina de três filhos (ou melhor, de quatro, já que seu pai teve outro filho antes de se casar com sua mãe, e segundo a constelação familiar, era preciso incluir esse irmão no sistema da família) nascera com o grande desejo de fazer diferença na vida das pessoas. Que o diga sua mãe, que suou e sofreu com a dor do parto e quase morreu por causa da anestesia que subiu para os pulmões e não agiu como o esperado.

Sofrimentos à parte, sua infância foi marcada por muita responsabilidade e organização, mas também por bastante diversão e travessuras. Era aquela menina que, na companhia dos amigos travessos, batia campainha na casa do vizinho e saía correndo, escalava árvore pra apanhar manga, e que também volta e meia desaparecia com o irmão mais velho (ops, seu segundo irmão) só pra levar mais emoção pra rotina da mãe bancária e do pai comerciante.

Certa vez resolveram fugir pra algum lugar que não sabiam onde era. Sabiam apenas que queriam fugir, pois tinham visto num filme que toda criança tinha que ter na sua ficha criminal infantil algum sumiço. Lembro como se fosse ontem, eu, com os meus quatro anos, e meu irmão com os seus seis anos, saímos de casa por volta de quatro da tarde, apenas com a roupa do corpo e a ideia fixa de dar um pequeno susto nos nossos pais. O feitiço acabou virando contra os feiticeiros. Logo adentrou a noite e veio o medo de nunca mais conseguir voltar pra casa. Estávamos perdidos, não fazíamos noção do tanto que havíamos caminhado. Até que, como bandidos, fomos encontrados pela Polícia Militar que circulava pelo bairro, já com a informação dos pais desesperados de que crianças fujonas perambulavam pela redondeza. Após a captura, só consigo me lembrar da sirene vermelha e da vergonha de chegar em casa dentro do camburão. Se não me lembro da surra deve ser porque não levamos, pois, caso contrário, certamente ela teria entrado para o rol dos traumas da infância.

Mas você disse criança responsável e organizada? Sim. Como sua mãe trabalhava fora — saía de manhã para trabalhar como caixa do Banco do Brasil e só voltava à noite — e ainda tinha filho, marido e casa pra cuidar, não se via no direito de dar mais trabalho. Então, já desde criança, tinha responsabilidade, organização (e mentalidade) de adulto. Elaborava planilha de estudos, providenciava o pagamento das atividades extraclasse e, aos finais de semana, acompanhava o pai no restaurante que havia arrendado do clube que frequentavam. Buscavam frutas e legumes no Ceasa ainda de madrugada. Durante o dia, vendia picolés para os amigos, no clube (claro que sempre dando um de degustação) e, no fim da tarde, saía com o pai em busca dos doces e salgados das festas que aconteciam à noite, nos enormes salões do restaurante. Talvez tenha sido nessa época que nasceu a empreendedora (a servidora surgiria mais tarde)...

O trabalho era algo que a fascinava: além de ser o que propiciaria sua independência financeira, seria o local em que se relacionaria com pessoas. Quando adolescente, não via a hora de chegar as férias para poder trabalhar na pizzaria do pai (nessa época o negócio era pizza). Nem precisa dizer que ela gostava de ficar no caixa, lugar estratégico: do dinheiro e das pessoas, já que era uma ótima oportunidade pra tagarelar, papear com a clientela.

Anos mais tarde, ao iniciar sua carreira profissional, ainda como estagiária do curso de Direito, diante de todo o seu perfeccionismo e autocrítica, tinha muito receio de não ser competente. Ao mesmo tempo em que se achava inteligente, um pouco E.T., quem sabe, por pensar fora da caixa, a mente divagante pensava: "Será que serei uma boa profissional?". Engraçado que alguns anos antes, por volta dos dezoito, prestes a tirar carteira de motorista, a pergunta era: "Será que serei uma boa motorista?". Mais uma vez a capacidade sendo testada.

O chefe do primeiro emprego lhe contou que sua entrevista foi um fiasco. Foi sincera demais. Contou que não tinha experiência, apenas a do emprego anterior (que tinha sido inventado e, claro, a do período em que trabalhou com o seu pai). Acharam que talvez não se encaixasse no perfil que estavam procurando, mas resolveram lhe dar uma chance. E não se arrependeram.

Numa segunda-feira pós-réveillon, nenhum estagiário apareceu pra trabalhar, apenas a estagiária inexperiente. Era preciso ir à Receita Federal fazer o protocolo de uma petição. Após quase quatro horas de espera pra ser atendida, veio a informação da atendente: "Sinto muito, mas não podemos aceitar a petição. Falta a procuração". Liguei no mesmo momento para o meu chefe, que passou a ligação para o chefe-mor. Ele disse pra eu dar um jeito, pra dizer que eu poderia fazer o protocolo até de papel higiênico, se quisesse, mas pra não voltar sem o protocolo daquela petição.

Naquele dia eu compreendi a aflição dos donos, dos proprietários, dos líderes quando nos pedem pra cumprir uma tarefa importante, sem saber se daremos conta do recado. Eles dependem do nosso trabalho. Muitas vezes é caso de vida ou morte. Naquele caso, era um pouco dos dois. Caso eu não conseguisse o protocolo, poderia ser a morte de uma empresa. E tanto escândalo fiz que consegui fazer o protocolo, mas saí da Receita escoltada por policiais. "Leva essa jovem insistente embora!", berrava a atendente daquele órgão público.

Aquele foi um marco, uma virada de chave. Quando trabalhamos por uma causa, quando acreditamos no negócio, pensamos e agimos como o dono. E com foco, determinação, persistência e resiliência, alcançamos os resultados desejados. A partir daquele dia, passei a ter mente de dona, de empreendedora, em todos os meus empregos. Quando chegava mais cedo ou saía mais tarde, me perguntavam: por quê? E eu dizia: porque ajo "como se", como se dona fosse, pois é esse o pensamento que devemos ter se queremos crescer junto com a empresa. É a paixão pelo trabalho, a crença de que aquilo faz parte do propósito, o desejo insano de gerar resultados em benefício do outro, de estar a serviço de uma causa maior. É assim, inclusive, que conquistamos a confiança.

E esse foi o lema que sempre carreguei comigo. Inclusive quando ingressei no serviço público, quando ainda estava na faculdade. Mas como assim? Servidora pública? Mas e a empreendedora? "Você vai abandonar a oportunidade de se tornar sócia de um escritório de advocacia ou ter seu próprio escritório, para se tornar servidora pública?" "De ter seu próprio negócio, horário flexível, para ter patrão e ponto pra bater?" Vou, meu coração me dizia para ir, até porque não tinha feito o concurso público por acaso. Meu lado estável da personalidade me dizia que precisava de alguma segurança e, mais do que isso, que eu tinha uma missão no Judiciário, principalmente no Judiciário Trabalhista.

Tempos bons por ali, na iniciativa privada, de muito trabalho, muitas amizades e bastante reconhecimento. Só que, apesar de todo o reconhecimento, que sempre foi fator de satisfação (já que, como seres sociais, buscamos ser reconhecidos — não é à toa que existe Oscar para entrega de prêmio), bastou um gestor "sem noção com boa intenção" do Judiciário pra que a crença de incapacidade passasse a me atormentar.

Aquela menina tão responsável e organizada, a empreendedora nas horas vagas (que vendia suco Tampico, aquele artificial de laranja, para as padarias e mercadinhos do bairro, além de calcinha e sutiã PMG para as amigas da faculdade), agora se via perdida em meio a processos, em meio ao caos da mente desconfiada da sua potencialidade, e que muitas vezes duvidava da sua capacidade. Seria pesadelo ou realidade? Realidade.

Naquele tempo, e para aquele gestor, nada que fazia estava bom. Podia me empenhar, dar o sangue, mas nem o sangue era suficiente para o vampiro. Por que será que tem gente que tem o prazer de aporrinhar? Por que tem que colocar defeito em tudo e só criticar? Na verdade, não se trata de terrorismo, mas da ideia equivocada de como liderar.

Para os gestores que ainda vivem no século passado, liderar significa autoritarismo vertical — "eu mando, você obedece", distância dos subordinados e nenhuma abertura para questionamento, além de rigor excessivo e nada de direcionamento. Tudo isso com o lindo discurso de que é em prol da proatividade, de que "carro apertado é que canta". De que resultados são obtidos quando apertamos e espremermos o sarrafo. Conversa fiada de quem não acompanha a evolução deste mundo que se modifica a cada dia, a cada instante.

Isso também vale para pais, que também são líderes, e que vivem traumatizando seus filhos com discursos antiquados e inadequados, fazendo críticas e comparações que só servem pra pessoa continuar no mesmo lugar, ou melhor, pior do que estava. É o caso daquele "menino que não vai dar nada na vida". E que "deveria ser como a fulaninha, filha da Mariazinha, essa sim inteligente". Também serve para aqueles que não dão atenção aos filhos porque estão sempre ocupados com alguma coisa e, ao invés de orientar, conversar, explicar, preferem pegar o atalho da impaciência e dizer: "Ah, faz logo o que eu estou falando e não questiona. Eu é que sei o que você tem que fazer".

Só sei que o vampirismo naquela fase traumática da minha carreira foi tanto que o trabalho me consumia, não pelo excesso, mas pelo desgaste emocional. Se as críticas não tivessem repercussão na nossa mente estava tudo certo; o pior é que elas ecoam no inconsciente (ou consciente) e você, muitas vezes, acredita naquilo e se convence de que é realmente um incompetente.

Eu, que nunca tive problema pra dormir, sempre dormia antes mesmo de a cabeça encostar no travesseiro, de repente passei a ver todas as horas da madrugada. Ouvia tudo, qualquer zumbido de pernilongo e até o barulho da caixa de máquina do elevador. E tudo porque ficava pensando no dia seguinte, na tensão do trabalho que não estava conseguindo desempenhar, diante da inspiração bloqueada por quem não tinha tempo para explicar. Mas, como diz Lulu Santos em sua canção, eu não sobraria de "vítima das circunstâncias", apesar de me sentir como "uma mola encolhida"...

Depois de algum tempo de sofrimento — interessante que quando você está na merda, que é quentinha, apesar do cheiro ruim, você se acostuma e custa a conseguir sair daquela situação —, eu resolvi dar um basta. Voltei a estudar. Pensava comigo que a única forma de eu mudar de trabalho seria se eu me capacitasse e me tornasse atraente em razão do meu conhecimento.

Minha mãe é que sempre me dizia: "Minha filha, se tem uma coisa que ninguém te tira é o seu conhecimento. Essa é a nossa maior riqueza!". E como toda boa mãe, ela tinha razão.

Assim eu fiz. Almoçava e jantava livros. Uma delícia! Eu gostava mesmo. Pra mim, era um enorme prazer. Quando o conhecimento faz parte dos seus valores, aí então o processo fica muito mais fácil, mais prazeroso. Só sei que a determinação era tanta, que no final das contas deu certo, consegui a aprovação que tanto desejava e fui trabalhar onde sonhava, no Judiciário Trabalhista. E lá a empreendedora continuava em ação, agia como se fosse dona do Fórum. Tinha hora pra chegar, mas não tinha hora pra sair, queria saber executar as mais variadas funções e sempre pensava na satisfação do cliente, as partes, que aguardavam ansiosamente pela solução de seus conflitos.

Por sorte ou destino tive gestores maravilhosos, verdadeiros líderes que pouco a pouco iam resgatando a minha crença de capacidade. Tentavam me convencer sobre a competência do meu trabalho, mas eu mesma custava a acreditar. Não sabia se era algum resquício do trauma do início da carreira ou se era reflexo da síndrome da impostora que gostava de incomodar. Costumava achar que estavam elogiando porque queriam algo em troca (olha a paranoia!). Além disso, incentivavam meu desenvolvimento, sempre me instigando a buscar mais, a ir além, porque enxergavam em mim a líder que volta e meia eu pensava em ser, mas achava que não seria. Será por quê?

E eu que achava que era apenas a falsa crença de incapacidade que me boicotava. Mal sabia que havia ainda uma crença de que mulher casada, mãe de dois filhos (do Rafael e da Luísa), não poderia ser líder, já que teria que dedicar tempo demais ao trabalho e tempo de menos à família. Seria essa uma crença familiar? Não sei.

Assim cresci com a ideia de que a mulher deveria se contentar em ter um trabalho mais tranquilo, de no máximo seis horas, pra ter tempo de cuidar da casa, do marido, dos filhos, do cachorro, do papagaio e do periquito.

Mas, no fundo da alma, o que eu achava o máximo era aquela mulher empoderada que saía de casa para trabalhar montada no salto e no *tailleur*, de óculos escuros e pasta de couro, que passava o dia fora e só voltava à noite, cansada, mas bem-humorada, certa de que fazia aquilo que lhe dava satisfação, que lhe trazia orgulho, que fazia sentido para a sua mente e para o seu coração.

E assim eu ia me imaginando...

Como o cérebro não distingue o real do imaginário, as cenas ficavam muito reais na minha mente quando eu me pegava pensando em como seria se eu ocupasse algum cargo no alto escalão do Tribunal em que eu trabalhava. Até que resolvi mergulhar no autoconhecimento para compreender quem eu era, o que eu queria ser e a que eu me propunha nesta vida. E também pra fortalecer minha crença de identidade, de capacidade e de merecimento. Como esse processo foi fundamental para desenvolver minha autoconfiança, arma poderosa contra a insegurança e a ideia de que precisamos agradar!

Ao longo dos anos, respeitando o meu tempo, a minha maturidade, a minha disponibilidade (quis participar mais da rotina das crianças enquanto eles eram menores), e ouvindo os conselhos dos líderes inspiradores que cruzaram o meu caminho, fui me capacitando, ampliando meus horizontes, fazendo cursos que me deram bagagem para alcançar a liderança que tanto desejava.

E o que aprendi durante toda essa caminhada? Que a mulher trabalhadora, ainda que seja formalmente servidora, diante de todo o seu foco, resiliência e dedicação somado ao seu conhecimento e à sua fé na Força Maior, terá mente de empreendedora, espírito de sonhadora e atitude de vencedora!

Que você, mulher empoderada, que acredita verdadeiramente no seu potencial, consiga inspirar tantas outras mulheres que ainda precisam se descobrir, se reinventar e acreditar que, sim, é possível ser o que ela desejar.

Fernanda Netto

Graduada em Direito e pós-graduada em Direito Processual do Trabalho. É servidora pública federal do Tribunal Regional do Trabalho de Minas Gerais há doze anos, tendo atuado como Mediadora Judicial e sendo atualmente líder de equipe. Capacitada em Mediação e Gestão de Conflitos pela Fundação Nacional de Mediação de Conflitos (FNMC), com especialização em Comunicação não violenta. Possui formação em Coaching Integral Sistêmico pela Febracis/BH e é analista de perfil comportamental. Palestrante formada pelo Instituto Gente, de Roberto Shinyashiki. Diante da paixão pelo desenvolvimento humano, tem se especializado em liderança humanizada sob o enfoque da neurociência. Com a palestra "Tenha coragem de REVOLUCIONAR — como aliar produtividade e bem-estar no ambiente de trabalho", tem o objetivo de transformar a cultura corporativa das empresas por meio da capacitação dos líderes, mostrando-lhes a importância de desenvolverem sua inteligência emocional, já que "o sucesso ou o fracasso de uma organização se baseia na excelência de sua liderança", segundo Simon Sinek.

Ana Paula Marcolan

Quantas vezes você pensa que já fui traída? Enganada? Quantas vezes alguém assumiu um compromisso comigo e virou as costas? Quantas vezes vi e ouvi pessoas que disseram estar comigo e no dia seguinte já não estavam mais? Inúmeras vezes!

Essas frustrações ocasionaram a dificuldade de confiar nos outros, o que ficava pior com a ausência de manejo emocional para sair logo da situação que acarretava mais dores emocionais que consumiam e destruíam pouco a pouco o meu "eu" interior, até a iminência do vazio existencial. Questionava-me dia e noite se o problema era eu. A culpa era minha? Por que isso acontecia comigo? Como eu não via a maldade estampada no rosto dessas pessoas bem na minha frente?

Eu vivi por longos anos nessa roda-gigante sem fim, mas o que me fez mudar? Pois sempre existirão pessoas que traem e enganam, o que mudou em mim? Como me precavi e me fortaleci diante dessas situações? E qual a relação dessa situação com empreender?

Para responder a esses questionamentos convido você, guerreira e guerreiro, a fazer uma viagem ao passado comigo, onde revelarei alguns fatos da minha vida que me fizeram sair dessa situação, e me levaram ao empreendedorismo e ao bem-estar, mesmo em situações adversas.

E, se você viveu ou vive situações parecidas, saiba que a culpa não é sua! Nós infelizmente não somos criados e educados para reconhecer as intenções das pessoas e, na maioria das vezes, nem a reconhecer as nossas próprias emoções.

Sou a Ana Paula Marcolan, conhecida como Marcolan, gaúcha, nascida no interior do Rio Grande do Sul, na cidade de Passo Fundo. Cresci com acesso às melhores escolas. Embora meus pais quisessem me proporcionar o melhor e me proteger, fui criada para não dar importância às minhas emoções e minimizar minha dor diante das situações. Quando acontecia algo, ouvia: "Ah! Isso não é nada, pare de chorar! Seja forte! Isso é besteira!".

Eu tenho plena consciência de que ninguém é culpado de nada, afinal meus pais queriam o meu bem e me educaram conforme haviam sido criados. Mas isso me fez crescer e acreditar que ter medo é sinônimo de fraqueza, que se sentir triste é ser fraco, até mesmo rir demais pode causar estragos. Todavia, em paralelo, aprendi valores muito bem firmados na honestidade, em falar a verdade, hierarquia, disciplina e também no amor, pelos quais agradeço imensamente.

Cresci e escolhi fazer Jornalismo para descobrir a verdade, porém logo me decepcionei com alguns veículos de comunicação onde trabalhei, pois, ao entregar minhas matérias com tanto afinco e vibração, ouvia: "Isso não pode ser publicado, pois recebemos patrocínio de tal e tal empresa". Foi uma das primeiras decepções profissionais. Como assim eu não poderia levar a verdade para as pessoas? Afinal, esse é o papel do Jornalista, apurar a verdade para ser entregue à sociedade. Mera ilusão! Mas a busca pela verdade e por descobrir a origem do meu eu sempre se sobrepunha aos desafios.

Ainda na faculdade, minha família passou por uma crise financeira e só restavam três alternativas para mim, esperar acomodada a situação melhorar, ir embora da minha cidade ou desistir de ser quem eu pretendia ser. Decidi ir embora para estudar em Florianópolis, SC. Aluguei um apartamento e fui na cara e na coragem, apenas com a convicção de ser motivo de orgulho para minha filha, que, aliás, foi o maior sacrifício, ficar longe da Maria Luiza.

Havia um parque chamado Lago da Pedra Branca, próximo à faculdade Unisul, onde eu estudaria. Sentada, sozinha, pedi a Deus um sinal, se estava certo ou não ir embora e conviver com a saudade latente da minha filha. Sentou-se ao meu lado uma senhora, que não me recordo o nome, e ali, em uma atitude de desespero, desabafei e contei sobre minhas incertezas. Para minha surpresa, ela havia vivido uma situação semelhante e me falou com muita convicção: "Vai doer, mas você vai construir o futuro da sua filha também". Embora sem apoio da minha família, decidi encarar tudo o que estava por vir.

Como jornalista, trabalhei em algumas empresas do segmento; com o tempo, comecei a trabalhar em outra empresa que não tinha ligação com jornalismo, mas era lucrativa para mim naquele momento. Me destaquei vários meses como a melhor funcionária, com lucros acima da média, me sentia a Alice no país das maravilhas, mas isso duraria pouco, pois ao descobrir um ato antiético e imoral eu não quis continuar. Era a minha estabilidade financeira ou viver de acordo com meus princípios e valores. Não titubeei e escolhi viver com meus valores.

Novamente fui enganada e, pior, constantemente ameaçada, até de morte. Foram 18 boletins de ocorrência, na época eu não contei para minha família e amigos, afinal o que diriam de mim? Eu não queria que sentissem pena ou desprezo. Eu havia feito essa escolha, então deveria arcar com todas as consequências, não queria retroceder e voltar sem conquistar o que havia me proposto. Foi um tormento sem fim. Dormir? Qualquer barulho eu tremia, vivia em constante prontidão, imaginava que era forte, resiliente, conforme fui educada. Mas, pouco a pouco, afundei no meu mundo solitário, frio e desesperador.

Meses depois conheci meu marido e resolvi ir embora para São Paulo. Estava carente, hoje percebo isso, e nesse estado eu novamente acreditei e confiei em amizades e pessoas que não queriam meu bem, e sim tinham interesses ocultos. E aquela dor que pensava ter sido curada voltou com mais intensidade. Foi quando me isolei de tudo e de todos;

eu não queria mais sair de casa, via o mundo como um grande tormento e sofrimento. Foram alguns meses trancada dentro de casa, vendo o mundo pela fresta da janela.

Foi um dos processos mais doloridos que vivi, perdi até o senso de socialização. Decidi então iniciar uma pós-graduação em Jornalismo, e um curso de comunicação verbal com o Professor Reinaldo Polito, mas logo parei com ambos, pois desenvolvi pavor de falar e estar entre pessoas que na minha mente poderiam me enganar. Anos depois eu retornei e concluí o curso e ainda realizo mentorias com o Polito, que acreditou em mim, mesmo quando sequer consegui completar o curso da primeira vez.

Me recolhi novamente em casa e decidi ter ferramentas para me proteger das pessoas com má-índole. Foi então que comecei meus estudos e dedicação contínua em comunicação não verbal. Comecei com a linguagem corporal, mas como ela é muito interpretativa e varia de cultura para cultura, ficava com receio de julgar as pessoas erroneamente. Só depois descobri as microexpressões faciais, que são universais e revelam de forma inconsciente e instantânea as emoções. Mergulhei, aprendi e, munida de uma técnica científica, eu pensava: "Agora ninguém mais vai me enganar!".

Me senti confiante novamente, e comecei a trabalhar com perícias no meio jurídico. Era perfeito, pois não precisava sair de casa, recebia os vídeos e os codificava. Mas outra dúvida surgiu, eu queria entender o motivo de algumas pessoas mentirem com tanta frequência e prazer. Teria um motivo específico? Alguma relação cerebral? O que faz alguns criminosos sentirem alegria e prazer diante dos seus crimes bárbaros? Lá vou eu compreender o funcionamento do cérebro, entender o comportamento das pessoas, mas sobretudo responder à minha pergunta contínua da infância: por que sou quem sou, será que a resposta está no meu cérebro? Vou ter diferentes respostas?

Concluí a pós-graduação em Neurociência Aplicada à Educação e passei a entender as diversas causas de comportamentos distintos nas pessoas. Entendi, por fim, que as pessoas são únicas e cada uma carrega em si suas vivências e bagagens emocionais e cognitivas, oriundas do seu mundo. E que, sim, existem pessoas com maior propensão para a violência. Foi apenas nesse período que descobri que tive Síndrome do Pânico — vivi sem ter consciência disso, e sobre a questão da minha infância. Foi revelador porque entendi como meu cérebro funciona, soube mais sobre neuroplasticidade produtiva e de forma inesperada eu descobri o motivo do trauma infantil emocional que vivi na escola, mas essa parte ficará para um próximo capítulo.

Já dava aulas nessa época e vi ali uma oportunidade de abrir os olhos das pessoas. Porém, ao ensinar as pessoas a identificarem verdades e mentiras, percebi que a técnica poderia causar sofrimento em determinadas situações, principalmente quando falamos daqueles que estão próximos a nós, afinal as pessoas mentem a todo tempo, por vários motivos, aliás todos nós somos mentirosos! Mas alguns questionamentos devem ser investigados, que são: causa, gatilho e intensidade, e vale salientar que as microexpressões faciais são reações conscientes e inconsciente, ou seja, a pessoa não tem consciência de que sente aquela emoção, portanto, as expressões revelam indícios que necessitam de investigações.

Eu poderia lançar um curso assim: Descubra se seu marido ou esposa te trai! Não tenho dúvidas de que a técnica auxiliará na detecção de incongruências, mas esse apelo traz pessoas com sede de vingança, desesperadas, famintas em querer descobrir mentiras e, na maioria das vezes, sem manejo emocional. Então a solução é viver na mentira? Não, mas também não posso ser leviana e ensinar algo focado em levar a mais dores emocionais, sem o manejo das próprias emoções, apenas para obter retornos financeiros mais rápidos.

Eu digo isso porque eu quis aprender para não ser mais enganada, com sede de não ser mais trouxa, como me sentia, porém isso pouco a pouco me afundou ainda mais, pois eu já entendia o cérebro, sabia reconhecer expressões faciais nos outros e, sem querer, comecei a descobrir minhas emoções por causa dos músculos faciais; me deparei com medo e tristeza em mim, enfim, tudo o que era "contra" e dizia não sentir estava ali estampado na minha face. Demorei vinte e cinco anos pra entender minhas emoções e me conhecer como ser humano, e que sentir emoções negativas não tem nada de errado, aliás é cerebral, salvo pessoas com algum problema no cérebro, todos sentem as mesmas emoções.

Foi, sim, uma libertação, mas também uma nova amarração mental, pois como eu iria sair dessa situação, como ter o manejo emocional necessário para conduzir minha vida e amenizar o sofrimento e a dor emocional? Eu sabia identificar as mentiras, mas me afundava emocionalmente, e percebi que o trabalho era o refúgio nesse tempo todo para que eu não olhasse para dentro de mim, eu fugia de mim mesma, e embora cercada de pessoas, eu sentia aquele vazio existencial.

Resolvi me afastar de tudo e de todos. Foram 14 dias isolada no mato, sem acesso à internet, sem comunicação com ninguém. Havia levado mantimentos para ficar esse período porque o propósito era não falar com ninguém, não ver nenhuma pessoa; eu só poderia gravar, tirar fotos e escrever no caderno, era esse meu plano. Era somente eu e eu. Essa história daria outro capítulo, pois nem tudo saiu como esperado, foi uma luta por sobrevivência, mas não desisti até finalizar os dias que estabeleci.

O mais desafiante não foi sobreviver diante das dificuldades, mas sim conviver com minha própria companhia, e comecei a me questionar ainda mais. Quando voltei, resolvi mergulhar no autoconhecimento e comecei a realizar mentorias com o meu querido mentor Roberto Shinyashiki, que tem a sensibilidade plena de olhar a alma e extrair o melhor de cada ser humano, é transformador! E concluí outra pós-graduação, de Gestão Emocional nas Organizações, onde fui aprovada pelo programa *Cultivating Emotional Balance*, desenvolvida por Paul Ekman e Alan Wallace, vinculado à Faculdade do Hospital Albert Einstein, e entre os grandes professores que tive, destaco as minhas queridas professoras Elisa Kozasa e Jeanne Pilli, cada processo foi um grande salto de clareza em minha vida! Esses anos foram cruciais para obter as respostas emocionais e espirituais que procurava desde a minha infância, inclusive sobre a minha missão e propósito de vida. Foi um caminho muito difícil, inclusive em aceitar as pessoas como elas são sem querer mudá-las; apreendi que eu posso apenas mostrar o caminho, mas são elas que precisam agir.

"E conhecereis a verdade e a verdade te libertará", sábias palavras vindas da Bíblia e, de fato, ela te liberta, mas para que isso possa acontecer, é necessário viver esse processo, aceitar, sentir todas as emoções, apreender as lições e seguir em evolução!

E diante da turbulência de caos e enganos, perseverança e esperança, nasceu minha versão empresária e empreendedora: o desenvolvimento da metodologia Neurofacs®, que é a construção da minha própria existência, onde acoplo o reconhecimento nos outros e em si mesmo das expressões faciais das emoções, compartilhando meus estudos de dez anos em neurociências, neuroeducação, manejo emocional em situações de estresse e pressão psicológica para a condução de uma vida com bem-estar e felicidade, mesmo em meio ao caos.

Mas eu descobri que ver a verdade sem a condução das próprias emoções é como viver num campo minado, e ficar nessa situação por muito tempo, sem a consciência e o despertar de quem somos, é muito prejudicial. Por isso almejo que você, guerreira e guerreiro que leem essas palavras, tenham sua essência despertada também.

A Neurofacs® tem como objetivos claros e práticos ensinar as pessoas a reconhecer as expressões faciais das emoções nos outros e em si mesmo, além de desenvolver estratégias cognitivas e emoções para o manejo das suas próprias emoções, mesmo em situações adversas, reveladoras e estressoras, se precaver de pessoas com má-índole e potencializar relacionamentos genuínos e verdadeiros. Para quem desejar, estou como @marcolan_oficial nas redes sociais, será um prazer ter você engajado comigo nesta Jornada.

A Avesso da Face é a empresa de treinamentos, curso, palestras, perícias, consultorias empresariais e mentorias, todas segmentadas. E ser empreendedora, empresária, vai além dos benefícios financeiros, está na libertação e transformação de cada pessoa. Tenho a honra também de desde 2018 contribuir com meu trabalho nas Forças Armadas, o Exército Brasileiro, cuja missão enaltece meu coração. E aproveito para agradecer a todos os meus alunos, contratantes e professores pela confiança, a troca de aprendizado e a conexão estabelecida de forma única em cada um de vocês!

Para encerrar, quero deixar algumas questões para reflexão e prática para vocês, da Neurofacs®. Diante de situações adversas: identifique suas reações corporais, fisiológicas, expressões faciais que podem te conduzir a entender seu comportamento e suas emoções, respire fundo! Tenha clareza mental, saiba qual direção quer seguir, qual seu senso de propósito. Isso será sua força em tempos difíceis.

Lembre-se: o cérebro sempre "vê a verdade", mesmo sem o verbal. Sua vulnerabilidade não tem relação com fraqueza; aliás, por vezes ela será sua maior força, basta se permitir mergulhar e entender o porquê. Seja investigador e questionador até descobrir a origem da causa dos seus medos e, pouco a pouco, rompê-los. Não existem super-heróis e tampouco vida perfeita, mas somos heróis de nós mesmos e perfeitos espiritualmente, estamos aqui para evoluir e nos aperfeiçoarmos a cada dia. Permita-se viver, errar, falhar e perder. Não importa quantas vezes você caia, e sim quantas vezes você se levanta, sua resiliência em aprender as lições e evoluir é que fará você ser sua maior potência.

Avalie, perdoe as pessoas; o desejo de vingança só faz mal para quem o sente. Escolha e defina quem estará ao seu lado. Cuide-se emocionalmente para não aceitar migalhas oriundas da carência. Seja grato pelas pessoas ao seu redor, todas! A maior mentira que descobri não é aquela que o outro diz, e sim a contada a nós mesmos. Não minta para si, seja verdadeiro e não camufle seu eu com situações externas; isso tem tempo limitado.

Esteja em constante desafio, saia da zona de conforto, permita-se "estressar" para criar novas sinapses positivas, seja um aprendiz na vida e vibre por todas as suas conquistas, principalmente as menores. Tudo o que você foca expande; cuidado com o que foca, essa será sua realidade. A dor e o sofrimento são inevitáveis, mas você pode escolher o que fazer com esse processo e reduzir o tempo de recuperação. Aprenda as lições e agradeça, embora não veja no momento, isso te deixará ainda mais forte!

A Neurofacs® é cercada por embasamento científico, testado e comprovado, mas antes de difundir o conhecimento, tudo o que ensino eu coloco em prática na minha vida e continuo nessa constância porque sinto e comprovo dia após dia a eficiência dessa metodologia. Hoje sigo meu propósito com convicção de entender e ajudar as pessoas a abrirem sua visão e despertar suas verdadeiras potências internas, que se refletirão ao redor, nos relacionamentos, na família, na equipe, nos negócios, enfim, em todos os âmbitos da vida.

Antes de encerrar, você pode me perguntar: "Mas, Marcolan, você encontrou o que procurava? Suas perguntas da infância foram respondidas?". Hoje eu sei como eu sou, mas apreendi que encontrar a si mesmo é uma jornada para toda a vida, e a vida acontece no meio disso. Eu sempre busquei na razão entender os motivos, e de fato, apreendi, mas foi pelas minhas emoções que descobri quem eu sou; embora sejam distintas, quando eu percebi que ambas devem trabalhar em conjunto, tudo começou a mudar.

Minha missão é contínua nessa investigação em descobrir novos fatos sobre mim, novos conhecimentos científicos e vivências para que a Neurofacs® esteja em constante transformação, pois eu sou a Neurofacs®, e deixarei com muito orgulho e prazer meu legado de vida para o mundo e para minha filha, não com o intuito dela ter a mesma profissão, a escolha é dela, mas para que ela veja e possa se inspirar em algum momento da sua vida, que apesar de todos os obstáculos e medos, a mãe dela não desistiu, e espero que ela tenha orgulho de quem me tornei e de quem ainda serei. Eu não sou perfeita, mas busco sempre evoluir, me desenvolver, me aperfeiçoar a cada dia para contribuir e ajudar as pessoas a terem uma nova visão de si mesmas e dos outros, a valorizar a pérola inestimável que são, e unir o equilíbrio da emoção e cognição para viverem relacionamentos genuínos e saudáveis.

Sejamos todos fortes, aguerridos e bravos em ser quem somos!

"Ser vulnerável significa conhecer o outro, ser invencível significa conhecer a si mesmo." (Sun Tzu)

Te amo, minha filha, Maria Luiza!

Ana Paula Marcolan

Palestrante, treinadora e consultora. Jornalista investigativa. Perita em comunicação não verbal com ênfase em microexpressões faciais. Especialista Neurocientista do Aprendizado e Desenvolvimento Humano. Especialista em gestão emocional nas organizações e instrutora aprovada pelo programa Cultivating Emotional Balance, desenvolvido por Paul Ekman e Alan Wallace, vinculado à Faculdade do Hospital Albert Einstein e Santa Barbara Institute da Califórnia. Pós-graduanda em Criminal Profiling — Psicologia Investigativa. Relatora do Comitê de Ética em Pesquisa (CEP) na Escola Paulista de Ciências Médicas. Cientista no núcleo do Hospital Militar de Área de SP. Integrante da Equipe de Residência de Clínica Médica coordenada pelo Dr. Antônio Carlos Lopes no Hospital Militar de Área de São Paulo, desde 2018.

Instrutora no 2º Batalhão de Polícia do Exército Brasileiro. Professora titular da Instituição Centro Mediar & Conciliar credenciada pelo Enfam e pelo TJ/SP, desde 2017. CEO da empresa Avesso da Face. Criadora da metodologia Neurofacs®: cérebro e microexpressões faciais das emoções.

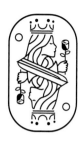

Veridiana Duarte

Novembro de 1989, estou na sala da minha casa, meus pais já saíram para trabalhar, finalmente estou sossegada; foi nesse momento que me transformei na Mentora que desejei ser um dia. Atravessei a sala da minha casa em disparada, sorrindo, correndo feliz para o quarto, esse era um momento único, meu momento! Já no quarto, escolhi a dedo toda a minha plateia, ou melhor, a minha primeira plateia. Levei uma semana produzindo todo aquele evento como se fosse o único, não poderia furar comigo justo agora no momento mais importante da minha Carreira! Eu tinha apenas nove anos, mas a minha energia e a minha garra eram de uma pessoa que supostamente já tinha vivido uma vida toda, uma garra que eu não sei de onde surgiu.

Montei todo o meu espetáculo ali, no meio da sala mesmo. Recebi um a um no meu evento, informando o lugar em que deveriam se sentar. Criei um mapa dos lugares na minha cabeça, os mais importantes estavam na primeira fila, nem eu poderia ter imaginado o quão importante era aquilo tudo para alguém tão tímida quanto eu.

Todos a postos, peguei os melhores livros da minha mãe — claro, eu ainda nem sabia quem era Freud, mas ele já fazia parte de uma vasta biblioteca que possuíamos em casa, que ia desde livros mais voltados para espiritualidade a livros de autoajuda —, todos os livros se encontravam numa arca bem ali em meio ao meu espetáculo. Senti um frio na barriga inexplicável; surgia ali a Veridiana Julião, apresentadora, palestrante, terapeuta, empresária, treinadora de gente que daria origem à Veridiana Duarte de hoje (optei pelo Duarte quando entrei de cabeça na minha verdadeira vocação, meu sobrenome de casada).

Os livros eram os ingressos para minha palestra. Sim, eu tive que rabiscar alguns para que meu público pudesse adentrar a sala, antes da minha palestra começar. Após o espetáculo, também tive que passar corretivo em alguns e dar sumiço em outros — sorte que nem todos aqueles livros eram tirados da arca... Que bênção!

Neste exato momento, paro pra pensar em tudo que vivi antes mesmo de chegar no lugar em que me encontro hoje, porque mesmo conhecendo a minha verdadeira vocação, não foi fácil tomar posse dela. Dizem que na vida temos dois nascimentos: o primeiro, o dia em que você veio ao mundo, no meu caso 23 de setembro de 1980; o segundo, quando você descobre a sua verdadeira vocação. Comigo foi precisamente aos nove anos. Pena que não acreditei nos meus talentos e fiquei por anos tentando encontrar algo que já fazia parte de mim.

Meu primeiro emprego foi aos dezesseis anos de idade como vendedora de velório. Sim, você deve estar achando que isso não existe, correto? No entanto, te conforto dizendo que você não está louco, essa era a minha profissão mesmo! Sou filha de dois vendedores e, para piorar a situação, eu vendia o velório e a minha mãe vendia o caixão e o buraco para enterrar o morto. Parece piada, não é mesmo? Mas, de verdade, Deus sabe tudo o que faz e foi exatamente nessa empresa que aprendi, em meio a muitas dificuldades, a vender o meu peixe — e que peixe difícil! A empresa tinha duas divisões, uma de velórios e outra de planos de saúde. Parecia até ironia, nós poderíamos escolher entre vender saúde ou a morte propriamente dita. E são tantas histórias incríveis que vivenciei nessa empresa que, creio, se não fosse ela na minha vida a minha taxa de bom humor seria zero! A cada recordação desse tempo, minha mente me envia uma gargalhada. Eu me vejo naquela situação e percebo como vender pode ser algo incrível ou temeroso. Isso irá depender do ponto de vista.

Minha primeira experiência como vendedora foi ainda no meu treinamento, com um cara fera das vendas chamado Júlio. Ele era um cara esquisito, mas supercriativo e articulado. Uma venda dele não demorava quase nada, acho que ele conseguiria até vender "merda em lata", como dizem por aí, e ainda era capaz do cliente sair satisfeito e o indicando a todos.

Certo dia, ele me pediu para acompanhá-lo em uma venda numa pequena casa em São Vicente, numa rua que era toda de areia. Eu me lembro como se fosse hoje, ele não falava em vendas, dizia que ia entrevistar o cliente, então saltamos do ônibus e eu só conseguia avistar mato e terra. O local era muito simples e eu já imaginava que ele não fecharia aquela venda nem morto, devido à hipossuficiência da região, local onde as pessoas mal tinham dinheiro para comer. Por que cargas d'água pensariam em adquirir um plano funerário? Pois bem, caminhamos até o final da rua, explicamos sobre o plano, não me recordo nem das palavras que ele usou de tão rápida que foi a venda. Júlio realmente era fera no assunto, dizia que um contrato para ser assinado não poderia demorar mais do que cinco minutos, essas foram as únicas palavras que me recordo de ter ouvido dele.

Inevitável aqui lembrar também das palavras de um garoto, que deveria ter em torno de cinco anos, que, ao tocarmos a campainha, chamou a avó alertando-a:

— Aquele homem chato que quer vender um monte de coisas e aperta a nossa mão com força está no portão!

Eu realmente não sabia onde era o buraco para esconder a minha cabeça! Ao término da venda, percebi que aquele senhor estava ligeiramente aliviado por ter assinado aquele contrato, pois se encontrava doente e sabia que sua família não teria condições para bancar um velório, pois mal sobrava dinheiro para mantê-los com dignidade. Quatro semanas após esse evento, ele veio a falecer. Foi aí que despertei para a responsabilidade que tinha nas mãos ao vender um produto que realmente fosse resolver o problema do meu cliente, mesmo que esse produto fosse resolver o "Evento Morte".

Alguns anos se passaram e comecei a me aprimorar em vendas. Só havia um problema a ser considerado: eu não sorria, sempre fui muito tímida. Até que um gerente de uma grande empresa em que trabalhei como preposta me deu um feedback que mudou a minha vida:

— Menina, você é ótima no que faz, é ótima como líder, como vendedora, só vejo um ponto em que precisa melhorar: você não sorri. Um sorriso abre muitas portas.

Escutei e refleti muito sobre esse ponto de atenção e procurei melhorar. Alguns meses após essa data, estava sendo convidada a liderar uma equipe de 12 pessoas apenas por esse sorriso!

Fiquei feliz, todavia achei que não era o momento oportuno de liderar gente. Eu trabalhava em dois empregos para me sustentar, fazia inglês e espanhol aos sábados, ou seja, tinha uma vida bem conturbada. Também fazia estágio, e a única coisa que queria naquele momento era viajar pelo mundo para conhecer outras culturas. Para tumultuar um pouco mais, nessa mesma época conheci meu futuro marido, que residia na Colômbia. Ou seja, a vida estava de pernas para o ar e senti que realmente não deveria assumir tal liderança.

Após um relacionamento complicado e com término desgastante, resolvi que também não queria me amarrar a ninguém e, para todos que me perguntavam se iria dar casamento, simplesmente a minha resposta era:

— Nem morta! Não pensarei tão cedo em me casar!

Com menos de seis meses de namoro eu já estava subindo ao altar. A vida às vezes nos surpreende, né?

Poucas semanas antes do meu casamento, resolvi abandonar toda a estrutura que levei anos construindo para trocar o certo pelo incerto.

Residi em mais de sete países, conheci muitas culturas e, principalmente, pessoas, que elevaram a minha percepção de vida.

De volta ao Brasil, resolvi me candidatar a uma vaga num banco famoso da época, mais especificamente para o setor jurídico; afinal de contas, minha primeira formação havia sido em Direito — na verdade, eu queria mesmo era me formar em Psicologia e trabalhar com gente, mas todos diziam que eu iria morrer de fome e que profissão nobre era a de médico, engenheiro e advogado... Ah, se eu pudesse voltar atrás...

Mesmo contrariada, essa formação me ajudou em muita coisa no mundo dos negócios, alguns anos após, inclusive no meu trabalho no banco. Trabalhei no backoffice, mesa de crédito, ouvidoria e projetos, mas tudo me fazia crer que eu deveria trabalhar com gente. Em todas as áreas treinei pessoas, sentia que esse era meu verdadeiro dom. Eu me recordo de um gerente falando que eu fazia isso com tanta maestria que tinha que treinar pessoas. Um dia, sem perguntar minha opinião e antes que saísse de férias, me entregou um projeto de treinamento nas mãos e falou:

— Pegue.

Era uma pasta com um projeto enorme, onde eu teria que ficar em sala de aula a semana inteira.

— O nosso coordenador irá te acompanhar no que for preciso, enquanto eu estiver em férias. No meu retorno, volto para cá.

Ledo engano: o coordenador foi apenas um dia comigo, quando me dei conta já estava treinando do operacional à diretoria. Dali para a ouvidoria e para a área de projetos de alta complexidade foi um pulo. Eu realmente não queria mais tocar projetos, queria treinar pessoas! Já tinha percebido que esse realmente era um dom adormecido que aquele gerente conseguiu despertar, então pedi as contas após seis anos de empresa e fui trabalhar numa consultoria atrás da Av. Paulista.

Naquele momento eu só pensava numa coisa, voltar à sala de aula e exercitar meus dons. Me recordo como se fosse hoje dessa entrevista.

Planejei tudo cuidadosamente; no entanto, deu tudo errado! Bem na porta do escritório, um pombo resolveu brilhantemente fazer cocô na minha cabeça, ou melhor, pegou quase no meu cabelo inteiro! Corri para o banheiro, lavei do jeito que deu, avisei à funcionária que estava na secretaria e saí em busca de um local em que pudesse secar o cabelo. Retornei faltando dois minutos para vencer o meu horário! Fui chamada para a entrevista e, logo que iniciou, a responsável pelo notebook não sabia a senha. Em seguida caiu uma baita chuva e a luz apagou. Quando todos pensaram que eu iria me render, falei:

— Vamos abrir as persianas. Darei continuidade à apresentação.

E assim foi. Ali eu estava muito próxima do meu objetivo, mal saí da sala e já anunciaram que eu deveria entrar em treinamento no dia seguinte. Aquele era o trabalho dos meus sonhos, mas mal sabia eu que retornaria para treinar a equipe que acabara de deixar há alguns dias.

Como eu amava aquela empresa! Era só mais uma oportunidade de retornar ao mesmo lugar, criando outra história.

Definitivamente, eu tinha dois sonhos de que nunca abriria mão. Um era ter uma filha, e o outro era trabalhar com gente, como consultora ou mentora. Mas tudo que eu menos imaginava trabalhando 14 horas por dia é que, sete ou oito meses depois, eu seria mãe. Pra mim, foi uma felicidade e um choque ao mesmo tempo; felicidade porque sempre sonhei em ser mãe; choque porque não me via largando a minha profissão, nem deixando minha filha abandonada numa escola mais de seis horas por dia. Decisão difícil. Trabalhei até o último dia que o médico me permitiu, mas, de verdade, aquela situação estava exaustiva. Eu acordava às 5 horas da manhã, atravessava São Paulo inteira e só retornava por volta das 22 horas. Não chegaria muito longe, até porque trabalhava em pé quase o tempo todo.

Dois amores difíceis de escolher, mas eu certamente já estava com a minha decisão tomada. Até porque esperei sete anos para conhecer a maternidade de perto, não poderia deixar de vivenciá-la de forma alguma. Vi o primeiro sorriso, os primeiros passos e tudo mais que eu pude. Um ano e meio mais tarde resolvi voltar ao mercado de trabalho, agora como instrutora.

Seis meses após, eu e meu marido decidimos dar uma guinada e empreender: abrimos uma escola. Lá eu teria mais sossego e, sendo dona, poderia criar meus próprios horários. Tudo lindo na teoria, só que na prática a história foi outra. Fui abandonada pelo meu sócio às vésperas da inauguração. Ao longo de seis meses, já havia perdido mais de 150 mil reais, que recuperei algum tempo depois, tamanha a minha obstinação por desafios. Conheci muitas pessoas nessa jornada, criei conexões maravilhosas, que me fizeram ser quem eu sou hoje.

Entenda: você não é nada sem networking! Tive mais de 22 funcionários, tocava três comércios simultaneamente, aprendi a empreender do jeito certo. Às vezes, digo que Deus queria muito me ver vencer, eu é que não enxergava. Todos os desafios que vieram em minha vida só fizeram com que eu melhorasse mais e mais naquilo que me propus a fazer, ajudar pessoas. Leandro Karnal tem uma frase incrível que eu adoro: "Na vida você pode pedir o que quiser a Deus, só não esqueça que você precisará fazer a sua parte".

Enquanto escrevo este texto, me recordo do quão ousada fui em todos os momentos da minha vida. E quando todos achavam que eu estava parando, a vida só estava começando. Pouco antes de iniciar a pandemia, resolvi trocar o meu trabalho de segunda por um descanso. Sempre pensava naqueles sete anos que fiquei sem férias, então resolvi me presentear ficando em casa às segundas e, às sextas, trabalhando apenas meio período em home office. Enquanto ninguém nem sonhava em saber o que era isso, eu já podia desfrutar desses benefícios. Deus já tinha outros planos para mim.

Resolvi me presentear com um curso de Eneagrama, entrei para fazer dois dias de imersão e isso simplesmente transformou a minha vida. Perdi quase 14 quilos, transformei radicalmente a minha forma de pensar, evoluí uns seis anos em apenas dois! Em paralelo, eu já era formada em Análise Comportamental Disc, outra ferramenta incrível que modificou a minha vida como CLT, e alguns anos após como empreendedora. Entrei por um hobby para me conhecer e acabei usando essas ferramentas para transformar não só a minha vida, como a de diversas pessoas — inclusive a dos meus próprios alunos.

Mais tarde, ao iniciar a pandemia, eu era a única pessoa preparada na minha franqueadora para tocar um negócio 100% digital, e ainda ajudar pessoas com as ferramentas que eu havia aprendido e experienciado durante o tempo em que folgava às segundas e sextas. Mas não parei por aí. Fiz Grafologia, Psicologia da Liderança, MBA em Ciências da Mente e Liderança Humanizada. Creio que nesse momento reacendi a chama do meu propósito definitivamente!

A próxima meta? Mestrado. Adoraria poder ajudar pessoas a terem a mesma experiência que eu tive, dentro e fora do país, por isso minha próxima jornada com toda certeza interligará o Brasil com o mundo. Pretendo mais uma vez proporcionar a todos que estiveram comigo nessa jornada novos desafios, sejam eles nacionais ou internacionais.

A vida não possui limites. Sempre falei para os meus funcionários e alunos: "Quero que vocês me superem". Ao contrário de empresários que gostam de segurar seus talentos em empresas, sempre tive uma opinião totalmente contrária a isso. Gente boa tem que ficar enquanto está aprendendo, quando começar a ensinar, chegou a hora de levantar voo.

Foi assim comigo, com toda certeza será com você.

Hoje, unindo o útil ao agradável, preparo pessoas para seguirem suas carreiras solos. Acredito muito no empreendedorismo, afinal de contas, ele não só me proporciona liberdade geográfica, como também tranquilidade para curtir a minha família enquanto trabalho.

Creio que os únicos pontos de observação em qualquer área que você escolha, seja como CLT ou empreendedor, são: nunca desista dos sonhos e seja um obstinado por metas; seja curioso e logo alcançará o sucesso. Lembre-se: com todos os desafios e escolhas que tive que fazer, não desisti nem um dia sequer do meu propósito, que era e sempre será cuidar de "GENTE".

Veridiana Duarte

Fundadora da empresa D&S Desenvolvimento Profissional. Mentora de carreira, palestrante, empresária no campo da Educação. Com experiência como treinadora e consultora interna em diferentes empresas (Teleperformance, Unibanco, Itaú, entre outras). Advogada por primeira formação, pós-graduada em Gestão de Pessoas com ênfase em Desenvolvimento Humano pela FGV. Além de outras formações: Master em Programação Neurolinguística, MBA em Ciência da Mente e Liderança Humanidade, Analista Comportamental e de Eneagrama, Psicologia da Liderança e Gestão de Conflitos. Apresentadora do programa Carreiras. Fiz minha transição de carreira depois de trabalhar por quatorze anos como CLT.

Rafaela Lucena

Me chamo Rafaela Lucena e quero compartilhar com vocês uma história sobre coragem e protagonismo. Esta é uma história em constante evolução, de alguém que está sempre em busca de aprendizado e crescimento. Acredito que a coragem é um elemento essencial em todo processo de transformação e que, com determinação e fé, podemos conquistar nossos sonhos e fazer a diferença.

Sou a caçula de quatro filhos, nascida em Timbaúba, uma cidade do interior de Pernambuco. Aos cinco anos, minha família mudou-se para Recife em busca de mais oportunidades. Desde então, meu pai se tornou minha grande inspiração, sempre buscando formas de melhorar nossa vida simples do interior. Ele me ensinou desde cedo a importância de ter uma direção em nossa caminhada e a trabalhar duro para alcançar nossos objetivos.

Desde a infância, eu nutria um grande amor pelos estudos e me destacava nas escolas pelo bom desempenho escolar. Além disso, acompanhava com entusiasmo as atividades profissionais dos meus pais. Enquanto minha mãe vendia produtos de revistas como Avon, Natura e bijuterias para ajudar no sustento da família, ela não se limitava a comercializar os itens, mas também estabelecia laços com as clientes, escutando suas dificuldades e desafios. Por outro lado, meu pai era professor de matemática, e eu me sentia extremamente motivada ao vê-lo de perto em ação, especialmente nas turmas de jovens e adultos das fábricas. Ele era um profissional admirado por seus alunos, e eu ficava impressionada com seu poder de transformação. Tudo isso me levava a desejar uma profissão que me permitisse mudar positivamente a vida das pessoas.

Cresci em uma família humilde e unida, onde sempre fomos incentivados a buscar formas de ganhar nosso próprio dinheiro. Desde cedo, aprendi a valorizar o trabalho como uma oportunidade não só de alcançar meus sonhos, mas também de contribuir com as pessoas ao meu redor. Eu e meus irmãos nos engajávamos sempre em alguma atividade que nos desse essa condição, e se quiséssemos algo além do básico, precisávamos correr atrás. Ajudei minha mãe a vender seus produtos na minha escola e também vendia bombons e doces que levava de casa para vender na escola.

Aos onze anos, movida pela minha própria iniciativa, pedi para ajudar no escritório de contabilidade que meu pai acabara de montar para meus irmãos. Conforme fui me envolvendo, percebi que estava crescendo e me desenvolvendo por lá. A sensação de estar contribuindo em um projeto e ser responsável por algo importante me deixava muito empolgada. Quatro anos depois, com o consentimento dos meus pais, decidi estudar à noite para poder me dedicar mais ao escritório, ampliando minha atuação e tendo uma renda um pouco maior para ajudar nos meus estudos, que sempre foram uma prioridade. Foi durante esse período que conheci meu marido, Raphael, pai dos meus dois filhos e meu grande incentivador.

Com o término do ensino médio, comecei a sentir a tensão do período do vestibular. Na minha família, era quase certo que eu seguiria os passos dos meus irmãos mais velhos e cursaria Ciências Contábeis, uma vez que o escritório da família era nessa área. Apesar de ter superado o fato de que não trabalharia como modelo, um sonho de infância que não pude realizar por falta de condições financeiras, eu ainda sonhava em trabalhar em algo que pudesse gerar um grande impacto. Apesar das dúvidas sobre o curso a fazer, decidi tentar o vestibular para Ciências Contábeis na universidade pública. Embora tenha passado na primeira fase, não consegui passar na segunda, o que me deixou triste. No entanto, comecei a entender que tudo acontece por uma razão. Surgiu então uma oportunidade de prestar vestibular em uma faculdade particular, que oferecia bolsas de estudo para estudantes de baixa renda. Com o incentivo da minha família, decidi tentar e consegui uma bolsa de 50%. Eram poucas opções de cursos e decidi por fazer Administração, que na minha opinião me traria mais opções de carreira.

E assim a vida me ensinou a amar as oportunidades que ela oferece e fazer as coisas darem certo, encontrando propósito na jornada. Foi assim que eu enxerguei o curso de Administração e um novo momento se iniciou em minha vida. Movida pelo desejo de fazer a diferença e ir além do meu cenário atual, eu me questionava sobre meu futuro e objetivos profissionais. Embora eu já tivesse amadurecido muito no trabalho no escritório dos meus irmãos, sentia a necessidade de estar em um ambiente que me estimulasse a fazer algo de maior impacto e onde eu pudesse me desenvolver ainda mais.

Tomar a decisão de romper com o padrão de trabalhar no negócio da família foi uma das escolhas mais difíceis que já fiz em minha vida. Eu tinha estado nessa jornada com meus irmãos por quase oito anos e me sentia profundamente grata pela oportunidade que eles me deram. No entanto, eu também sentia um forte desejo de protagonizar minha própria história, de explorar novos caminhos e desafios. Entendi que eu precisava ter uma conversa corajosa com os meus irmãos. Busquei mentorias informais de pessoas mais experientes que conheci na faculdade e que me orientaram sobre como eu deveria conduzir esse momento. A transparência foi o valor norteador desse papo, mesmo que fosse doloroso. Senti que meus irmãos foram pegos de surpresa e que meus pais também se abalaram. Pouco tempo depois da conversa, surgiu uma oportunidade de eu iniciar um novo ciclo em uma empresa de que eu não tinha a dimensão da transformação que ela me ajudaria a passar.

Passado o susto e o estranhamento da minha família com a minha decisão, todos me apoiaram no meu sonho e entenderam a importância daquilo para mim. Foi muito desafiador sair da minha zona de conforto. Eu já tinha uma posição de liderança e o privilégio de trabalhar no escritório da minha família, onde era acolhida e cuidada. Mesmo sabendo de todos os riscos e percalços que a mudança implicava, decidi que iria arriscar, e dentro de mim algo me dizia que estava tomando uma boa decisão. Nunca esqueço do meu pai me dizendo: "Filha, vai dar certo, eu tenho certeza de que em poucos meses você já vai assumir uma gestão e as pessoas lá vão te perceber e você vai ter grandes oportunidades".

E foi assim que, em setembro de 2007, mês em que eu completava meus vinte anos, um novo ciclo de mudanças em minha vida teve início. Naquele instante, eu nem imaginava que estaria hoje atuando em uma área tão estratégica, essencial e impactante como a área de pessoas. Lembro das vezes em que eu chorava à noite depois de chegar da faculdade, me perguntando se havia tomado a decisão correta. Pouco a pouco, fui me adaptando. Saí de uma empresa com cerca de 8 profissionais para uma com cerca de 70, e apenas no tamanho era possível dimensionar os desafios e as oportunidades de desenvolvimento que me foram lançadas na área administrativa, onde iniciei como assistente.

Após apenas seis meses na empresa, recebi o convite para liderar a área administrativa, e as previsões que meu pai havia feito começaram a se concretizar. Cerca de um mês depois, descobri que estava grávida de minha primeira filha, Giovanna. Tudo em minha vida havia começado muito cedo e, aos vinte anos, eu já estava noiva, grávida e recém-promovida a líder de equipe. Apesar de minha alegria em me tornar mãe, eu não percebi os riscos que corria ao anunciar minha gestação tão cedo. Alguns olhares preocupados de colegas de trabalho e da faculdade me fizeram questionar se as coisas poderiam dar errado. Mas eu segui em frente, pois as pessoas mais importantes para mim estavam me apoiando muito.

Conciliar faculdade e trabalho nessa época foi muito difícil. Minha gestação foi tranquila, mas eu engordei cerca de 18 kg, sofri com inchaço e anemia que me deixava exausta. Mesmo com tudo isso, Giovanna veio ao mundo ao mesmo tempo em que eu concluía meu curso de Administração. Parecia que eu tinha planejado tudo. Durante minha licença-maternidade, recebi muito carinho dos colegas da empresa e especialmente das mulheres da gestão, o que me fez sentir acolhida e segura em meu retorno ao trabalho. Tive o privilégio de contar com a minha mãe para cuidar da minha filha nessa ocasião. Foi difícil a volta, mas deixar minha filha com a minha mãe me dava um grande conforto.

A empresa estava crescendo cada vez mais e as demandas relacionadas à área de pessoas se tornavam constantes. Nessa época, não tínhamos uma área de RH e a área administrativa acabava assumindo algumas atividades voltadas a essa área, como recrutamento, seleção e treinamento. Alguns meses depois de meu retorno, fui chamada pela minha gestão direta para conversar sobre a necessidade de implantar uma área de RH na empresa, que já contava com cerca de 120 pessoas. Foi me dada a opção de escolher permanecer na área administrativa ou iniciar nessa nova área. Mesmo sabendo que teria muito a aprender no processo de implantação, não pensei duas vezes e me vi completamente envolvida na construção da nova área, já imaginando o impacto que ela geraria na vida das pessoas e no crescimento da empresa.

Comecei a me desenvolver nessa área e buscar conhecimento. No começo, éramos apenas eu e uma assistente. O escopo da área foi crescendo, e passei a liderar também a equipe do departamento pessoal. Tive a oportunidade de receber a mentoria de uma executiva referência na área de RH que me ajudou muito a dar os primeiros passos na estruturação do setor. Conforme a empresa crescia, eu sentia falta de alguém com mais expertise na equipe de RH. Como minha experiência estava sendo construída junto com as minhas lideranças, que também não tinham expertise nessa área, a necessidade de ter alguém com mais vivências na área ao meu lado ficava evidente. Fui então buscar no mercado uma pessoa mais sênior nesse papel, que pudesse me apoiar nessas atividades. Lembro bem que surpreendi algumas pessoas da empresa e escutava algumas frases como: "Rafa é muito corajosa de colocar alguém que sabe mais do que ela e que tem mais experiência em seu time". Elogio ou um alerta, essa frase poderia ser entendida de ambas as formas, dependendo do contexto. Mas fato é que pela minha pouca experiência eu comecei a me sentir insegura, como se a coragem que eu tinha, à medida que a empresa necessitava de maior profissionalização, fosse se apagando por medo de não dar conta e de não ser a pessoa apropriada a conduzir aquela missão. Foi um período em que me senti muito solitária nessas reflexões.

Pouco tempo depois da contratação dessa profissional mais sênior (que desde então tornou-se uma grande amiga), descobri que estava grávida de meu segundo filho, Bernardo. Foi muito reconfortante saber que teria alguém que me apoiasse durante meu processo de licença-maternidade. Entretanto, saí para aquela licença-maternidade com meus sentimentos sobre mim mesma em cheque, me perguntando se teria algo a contribuir para a empresa em meu retorno e se era mesmo uma profissional relevante.

Durante minha licença-maternidade, minha equipe esteve por perto, dividindo as novidades da empresa, que não parava de crescer. Dentro da minha relação com a equipe e com meus superiores, eu não sentia adequado e nem me sentia à vontade para dividir tudo que estava sentindo. Para com a minha liderança eu não sabia como ter essa conversa e tinha receios e para a equipe eu não podia demonstrar fraqueza e foi novamente um momento de carreira muito solitário.

Voltei de licença-maternidade com muito trabalho a fazer. A empresa crescia bastante, mas o meu sentimento de que não era boa o suficiente ainda fazia parte de minha rotina. Por não acreditar em mim, na minha capacidade, estudava muito, me preparava muito e ficava sempre até muito tarde no trabalho. Hoje, vejo que sem um resultado e alinhamento que fizesse sentido para mim. Tinha muita dificuldade de lidar com críticas, pois aquilo para mim era a revelação da minha incapacidade, e ter que lidar com isso era muito difícil, bastava minha autocrítica. Foi um momento difícil para mim, estava tendo que lidar com a dupla jornada, vivenciando a experiência do meu segundo filho, sorte a minha ter minha mãe por perto. Essa foi uma fase em que me fechei em meu mundo, pois eu fugia de contatos com outros profissionais, por não me sentir confiante e fugia da exposição muitas vezes necessária para o papel que exercia.

Após alguns meses nesse processo, decidi que não queria continuar daquela forma. Aquilo me fazia mal e estava prejudicando não só a mim, mas também minha relação com a família. Naquela época, eu não tinha muito direcionamento de pessoas externas, eu era aberta e procurada pelas pessoas, mas para me vulnerabilizar e pedir ajuda, isso eu tinha muita dificuldade. Falar sobre o que se passava comigo seria uma autodenúncia de alguém que não se permitia falhar ou precisar de apoio. Esse meu padrão na empresa não acontecia apenas naquele ambiente. Na minha vida pessoal me via alguém que não dividia também questões que eram importantes para mim, e todos os meus pensamentos distorcidos cresciam em grande proporção me ocasionando um sofrimento interno enorme. Foi aí que entendi que eu precisava encarar fazer o oposto do que estava fazendo, precisava me conectar mais com pessoas, começar a me posicionar mais e me expressar mais. Isso foi feito aos poucos, mas todo dia eu me desafiava a ir um pouco mais longe com um grande propósito de uma vida com mais significado. Nesse processo de me abrir mais, comecei a refletir sobre pendências e sonhos engavetados em função do medo que estava me paralisando.

A primeira pendência que identifiquei foi começar a dirigir. Sempre fui alguém muito autônoma, independente e, por um trauma que foi gerado no período de aulas de autoescola, me bloqueei completamente e fiquei por cerca de cinco anos sem dirigir, mesmo conseguindo minha habilitação de primeira e de forma impecável. Esse padrão em minha vida, de ser sempre uma pessoa que não dá trabalho, que é perfeita em tudo o que faz e que não erra, me fez diminuir meus sonhos e minhas realizações para não precisar lidar com minha capacidade de ser vulnerável. Infelizmente, em muitos momentos, isso me fez esconder todo o meu potencial.

No final de 2015, comecei minhas aulas para habilitados. Tive a sorte de ter pessoas iluminadas em minha caminhada e o meu instrutor foi uma dessas pessoas. As aulas foram terapêuticas. A cada aula que eu terminava, eu caminhava chorando para a parada de ônibus no caminho para o trabalho, era um choro emocionado de quem estava se enxergando. Eu percebi naquelas aulas que eu era a minha adversária mais difícil e que enquanto eu não mudasse a forma como eu me via eu não mudaria a minha condição atual.

O processo de reaprender a dirigir significou muito mais do que apenas dirigir. Ele representou um novo olhar para todas as esferas da minha vida. Foi um processo que me mostrou que eu tenho a capacidade de mudar a minha realidade, que eu não preciso diminuir meus sonhos para comportar minha necessidade de perfeição. Meu interior pedia urgentemente uma mudança de comportamento e um olhar mais gentil para mim. Algumas experiências pessoais e profissionais me abalaram de tal forma que eu não tinha percebido que minha autoestima e minha ousadia estavam apagadas.

Mas eu dei a volta por cima e dei início a um novo processo de mudança em minha vida, que tem acontecido até hoje de forma constante. Logo quando finalizei as aulas de autoescola para habilitados, já emendei com o meu MBA em Gestão de Pessoas. E já estava indo de carro, era uma mistura de medo do novo com um novo olhar para mim, que transcendeu. Estar em contato com outros profissionais da área de RH me fez ver que o meu trabalho estava certo, que eu gerava impacto no meu meio, que as dores que eu vivia também eram dores semelhantes às de outros profissionais. Eu conseguia fazer amizades com facilidade com professores e colegas e fui percebendo pouco a pouco a Rafaela ganhando mais espaço interno para protagonizar seus sonhos. Concluí em dezembro de 2017 o curso e ao final dele tive acesso a um trabalho de coaching de carreira.

O processo de coaching foi conduzido por uma professora do MBA com quem mantenho contato até hoje, uma incrível especialista na área de pessoas. Ela marcou muito minha carreira, sendo também uma grande mentora, habilidosa em lidar comigo, que estava em uma fase bastante sensível e reflexiva. Aquele meu processo de voltar a me perceber deixou-me mais aberta a me escutar e a escutar o externo. Quando iniciei o processo de coaching, lembro-me de ter dito que precisava de ajuda para recomeçar minha carreira do zero, pois não estava certa de que havia construído algo sólido até ali. Foi então que a profissional me ajudou a descobrir que eu não tinha que começar do zero, vi que faltava eu dar luz às minhas entregas, que eu não me dava conta do que já havia construído. Faltava em mim um posicionamento. Precisei fazer um olhar para o que fui capaz de lidar e para o que consegui construir até ali; afinal, ninguém chegaria "do nada" a um cargo de gestão de pessoas e nem permaneceria por mais de dez anos sem que tivesse uma marca e contribuições efetivas.

Ela me convidou a realizar um processo de coaching diferente, baseado nos pontos fortes da Gallup, para que eu pudesse me dar conta dos meus talentos, dos meus diferenciais e focar aquilo em que eu era essencialmente boa. Foi um processo de grande transformação, em que também se explicaram algumas das minhas dificuldades e foi possível construirmos estratégias para que eu pudesse me desenvolver na carreira com mais intencionalidade. Ao transformar minha própria visão de mim mesma, percebi-me mais reconhecida pelas pessoas à minha volta, me senti escutada, mais segura e menos ansiosa. Foi um processo libertador e comecei a entender para o que não havia também mais espaço em minha vida. Por muito tempo, guardei muito meus sentimentos e minhas percepções por puro medo de errar, de decepcionar e de ser julgada. Isso simplesmente não combinava comigo e eu precisava continuar resgatando a minha essência.

Nesse processo, comecei a perceber que o meu ciclo na empresa em que eu trabalhava estava chegando ao fim. A ausência do meu posicionamento fez com que eu aceitasse muitas coisas calada, sem questionar, e esse meu comportamento não caminhou para a construção de um relacionamento sólido entre eu e meu gestor direto. Eu tinha um cargo de gestão na área de pessoas, mas eu já não me sentia parte da organização e dos seus planos futuros. Tinha abertura e a chance de recomeçarmos ali uma relação mais proveitosa, mas eu decidi que queria buscar um outro espaço e que isso poderia ser muito bom para esse meu novo momento de vida.

Então, mais uma vez, precisei ter uma conversa bastante corajosa. Era difícil abrir mão de uma empresa que me abriu as portas para tantas oportunidades. Agendei um momento com meu gestor para dividir meus sentimentos e necessidades. Falei sobre minha intenção de buscar novos desafios profissionais fora dali e me senti extremamente acolhida. Juntos, buscamos caminhos para seguir em frente, mas eu entendi que fechar aquele ciclo seria importante para o meu processo de amadurecimento e também para a empresa. Permaneci na empresa por mais três meses apoiando no processo de adaptação da nova profissional e do time. Ficar por esse tempo também foi muito importante para mim, pois quando pedi para sair ainda não tinha nenhum emprego em vista. Mesmo não estando em um momento financeiro confortável, eu e o meu esposo entendemos que daríamos um jeito, e eu acreditava que logo estaria trabalhando novamente.

Comecei a amadurecer a possibilidade de empreender na minha área de atuação, mas também participei de alguns processos de seleção. E foi no meu último dia na empresa, quando estacionava o carro no empresarial, que recebi uma ligação de um hospital domiciliar onde fiz um processo seletivo para gestora de RH, me sinalizando que eu havia passado no processo e me convidando para iniciar o trabalho. Naquele momento, minha fé se fez presente e uma paz e calmaria invadiram meu coração. Exalava gratidão. Foi um dia que nunca esquecerei, tanto pelo carinho recebido dos colegas quanto pela realização de ter passado no processo seletivo.

Com pouco mais de uma semana, iniciei meu novo trabalho no hospital, cuja gestão era familiar, em uma área completamente diferente da que já havia trabalhado antes. Foi um desafio me adaptar à nova cultura, aos novos processos, rotinas e necessidades. Fui acolhida pelos meus colegas de trabalho e impactada com as histórias daquelas pessoas, que me ensinaram, cada uma de maneira tão singular. Foi um momento em que meu propósito se acendeu por completo, vi um sentido profundo na minha atuação e pude perceber o impacto direto na vida das pessoas.

Nesse mesmo período, vivenciei uma das minhas maiores dores ao ver minha irmã que já havia sido diagnosticada com esquizofrenia ter uma de suas maiores crises, levando-a inclusive a se internar pela primeira vez e a se aposentar por invalidez. Aquilo mexeu demais com minha família, principalmente com minha mãe, que em meio àquilo tudo também perdeu a minha avó. Foi duro. Mas acredito em uma força maior e sei que eu precisava passar por aquela experiência naquele lugar. Me senti amparada pelos meus pares e superiores.

Quando eu estava com cerca de oito meses no hospital, a antiga gestão da empresa na qual trabalhei anteriormente me fez o convite para retornar. Fiquei muito balançada. Estava feliz no hospital, conseguindo me desenvolver, mas o propósito do retorno à empresa anterior falou mais alto. A empresa estava cocriando seu manifesto de cultura e sua identidade organizacional estava sendo redesenhada. O desafio de atuar nesse projeto de cultura me fez decidir pela volta, mas em minhas interações com a gestão, deixei claro sobre as minhas expectativas e que eu não era mais aquela Rafaela que não se posicionava. Assim firmamos acordos e entendemos que essa nova postura seria importante naquele recomeço.

Então me despedi do hospital, em que passei cerca de nove meses. Pouco tempo, mas o suficiente para me sentir transformada, confiante e muito mais segura do que eu queria e de meu posicionamento. Tive bastante espaço na empresa para protagonizar ações importantes em uma fase em que o hospital experimentava um processo de grande profissionalização e buscava implementar um RH mais estratégico.

Ela faz a diferença

No meu retorno à empresa anterior em setembro de 2019, senti uma aproximação com a diretoria da empresa que nunca havia sentido antes. Fiquei me perguntando o que havia mudado, mas logo percebi que a maior mudança havia acontecido dentro de mim. Uma fase de mudanças significativas na cultura organizacional estava se iniciando, e eu sabia que a equipe de RH teria um papel fundamental nesse processo. Escutar as pessoas naquele momento de implementação do manifesto de cultura foi a nossa principal ferramenta de trabalho. Acolher as críticas e entender as necessidades por trás delas foi nosso foco. Estabelecer uma relação intencional com a gestão foi essencial para minha volta à empresa.

Meses depois, a pandemia da covid-19 nos pegou de surpresa, e me vi envolvida intensamente nos cuidados com as pessoas. Fiquei pilhada no trabalho, extremamente preocupada com a saúde mental das pessoas e emocionalmente abalada lidando com a distância de quem mais amávamos. O medo e a insegurança se instalaram. Em casa, meus filhos estavam assustados. Meu filho mais novo, no seu processo de alfabetização, praticamente perdeu o ano. Minha filha mais velha se viu bastante ansiosa e aflita com tamanha insegurança que foi preciso encarar. Eu e meu marido buscamos apoiar um ao outro naquele processo. Foi então que percebi o quão forte eu era na batalha, sendo fonte de forças para todos que me buscavam, mas negligenciando a mim mesma. Cheguei a um ponto em que não conseguia me desconectar do trabalho. Não estabelecia limites, estava sempre disponível. Além disso, passei a realizar processos de mentoria voluntariamente e abria sempre mais espaço para isso em meus momentos vagos. Realizava vários cursos de desenvolvimento. Minha mente não conseguia se desligar. Eu só conseguia me preocupar com minha performance e se estava atendendo às expectativas no momento tão difícil que o mundo vivia. Esse padrão tão alto não era sustentável e quanto mais me doava menos eu reconhecia o impacto de minha atuação. Comecei a me comparar de formas injustas com outros profissionais e minha autoestima estava sendo devastada.

Procurar por uma terapeuta no Google foi minha primeira tentativa de buscar apoio, mas não conseguia me vulnerabilizar o suficiente e acabei desistindo depois de algumas sessões. Seis meses depois, já no segundo ano da pandemia, já não estava mais dando conta e me vi guardando todas as minhas angústias e sentimentos. Eu não conseguia mais segurar ser uma pessoa forte o tempo todo, me sentia cansada mentalmente, emocionalmente e fisicamente, e isso estava me deixando muito mal. Foi quando decidi voltar para a terapia e procurar por uma profissional que tinha conhecido em uma palestra e que me tocou profundamente. Estamos juntas até hoje nessa caminhada.

Naquele momento, um dos planos terapêuticos foi reduzir minhas demandas em todas as áreas da minha vida, como uma das primeiras iniciativas. Propus a mim mesma um desafio de não fazer nenhum curso naquele ano, e sim ler livros que não fossem técnicos, contribuindo para o momento que eu vivia. Retomei as atividades físicas, comecei a praticar mindfulness e saía com meu esposo para caminhar e relaxar. Com o grande apoio da minha família e da terapeuta, e minha própria determinação, cresci muito nesse período. Voltei a descobrir prazeres que havia deixado em segundo plano, como aproveitar a minha família, me divertir mais, conversar sem preocupações produtivas e simplesmente relaxar. Alguns meses depois, engajei-me com um grupo de mulheres voluntárias que ofereciam mentorias gratuitas para outras mulheres, e senti-me apoiada pelas histórias que compartilharam. Paralelamente a isso, participei de um projeto de mentoria para jovens iniciantes no mercado de trabalho.

Ao longo desses anos, tenho seguido um caminho de autoconhecimento e evolução pessoal que tem me levado a lidar comigo mesma de forma mais leve e acolhedora, aprendendo a respeitar minha humanidade e a buscar atender às minhas necessidades. Em 2022, fui desafiada a enfrentar um novo obstáculo quando meu filho foi diagnosticado com transtorno de déficit de atenção. Foi difícil, mas consegui lidar com meus sentimentos e ajustamos a dinâmica familiar para nos apoiarmos. Nesse mesmo ano, consegui alcançar mais um sonho meu que era realizar uma formação em coaching, para conseguir contribuir de forma mais profunda com a jornada de desenvolvimento das pessoas.

Esse processo me ajudou a tomar coragem de em 2023 protagonizar um projeto só meu que caminha em paralelo ao meu papel de Head de Gente e Cultura na empresa em que já atuo e que conta com cerca de 570 profissionais. Comecei a empreender apoiando profissionais em seus processos de desenvolvimento. Isso é algo que está muito recente, mas venho experimentando o novo dia após dia. Também tenho me aberto cada vez mais e me conectado com outros profissionais da área de recursos humanos, buscando nesse relacionamento uma fonte de energia e apoio mútuo.

Desde então, tenho adotado um estilo de vida mais intencional, no qual busco me priorizar e entender melhor minhas necessidades, sempre me respeitando. E como essa atitude reflete em entregas de mais qualidade para as pessoas que estão ao meu redor. Aprendi a olhar mais de perto as pessoas que mais importam para mim, e a não dar espaço para coisas que já não são compatíveis com meus valores. Entendo que a evolução é constante, e que estamos sempre avaliando os caminhos que escolhemos, protagonizando nossa própria história. Continuo seguindo adiante, inspirada pela frase de Mandela que diz: "Eu nunca perco, ou eu ganho ou eu aprendo", começando a mudança por mim, evoluindo de forma leve, honrando meu propósito e sabendo que o mundo precisa de pessoas como eu e como você.

Rafaela Lucena

Pernambucana de trinta e cinco anos, casada com Raphael e mãe de Giovanna, de quatorze anos, e Bernardo, de oito anos. Considero-me uma pessoa inquieta e apaixonada pelo desenvolvimento humano. Sou formada em Administração, com MBA em Gestão de Pessoas, Coaching Integral pela International Coaching Federation (ICF) e atualmente ocupo o cargo de Head de Gente e Cultura em uma empresa nacional com mais de 500 colaboradores. Além disso, atuo como Coach Executivo e Mentora de Carreira e Desenvolvimento Humano. Acredito em um forte propósito voltado para apoiar as pessoas em seu processo de evolução, o que foi moldado por minha história marcada por coragem, determinação e fé. Tenho mais de quatorze anos de experiência na área de pessoas, tendo conduzido a implantação da área de Recursos Humanos em uma empresa de atuação nacional, bem como processos de mudança que me deram a oportunidade de apoiar o desenvolvimento de muitos profissionais. Minha jornada profissional exigiu que eu protagonizasse mudanças relevantes para alcançar resultados mais alinhados com meus objetivos de carreira. Em comum, todas essas mudanças partiram de uma inquietação interna e só foram possíveis graças à minha determinação. Entre minhas conquistas profissionais mais relevantes, destaco a disseminação do manifesto de cultura, a construção do mapa da jornada do colaborador e o reposicionamento da atuação do RH como uma área estratégica.